喫酒漫筆

喫酒漫筆

선산곡 수필집

신아출판사

■ 책 머리에

용서 하소서!

사람들은 술을 마신다. 그 많은 보통사람들이 마시는 술에 대해 무슨 위세 있어 끽주喫酒이며 또한 만필漫筆인가. 덧없는 시각으로 세상을 조롱할 홍진취객紅塵醉客의 기개도 갖추지 못한 주제에 술 마신 이야기를 쓴다는 것은 사실 건방지기 짝 없는 접근이었다.

안 마신 것과 못 마신 것의 차이는 아무것도 아니지만 깜냥에 한잔 술을 마셔도 대작對酌 우선이어서 혼자서 못 마시고, 아침에 안 마시고, 내 집에서 안 마셨다. 거기다 진정한 술꾼은 청탁불문淸濁不問이라는데 독한 술, 맑은 술은 가까이하지 못한 편협 속에 잔을 들었다.

아무리 이웃 있어 술을 마신다 하나 술에 취하면 말과 행동이 과장되고 감정 또한 덧이 나 실수를 하게 마련이었다. 그 실수를 호기로 삼아 몇 편 써 놓은 글을 우연히 보게 된 전민일보全民日報 이종근李鍾根 기자가 연재를 제의해왔다. 한참을 고민하다가 결국 승낙하고 말았지만 후회와 긴장의 연속이었다. 그러나 어쩌랴. 세상에서 술은 혼자 마신 듯한 엄벙한 착

각에 빠지기로 하고 1년 여 동안 이 글을 썼다.

겪어 온 실화이니 실명을 썼지만 몇몇 분은 이유 있어 가명을 쓰기로 했다. 신문에 실리지 않았던 작품 몇 추가하여 세월의 여정을 비껴 계절별로 묶었다. 딴엔 가볍게 꾸미고 싶은 생각에 장정도 단순화했다. 명도 차가 생기는 사진은 물론, 모두가 권하는 삽화도 싣지 않기로 했다. 다만 연습도 하지 않고 단 30초 만에 그린 내 캐리커처는 술과 세월로 얻어진 얼굴 그대로다.

곳곳마다 순화되지 않은 언어로 문장을 어지럽게 한 점 모든 분들께 용서를 빈다. 특히 가당찮은 글로 주당酒黨의 당호堂號를 흐리게 하였으니 이 땅의 주객, 주걸, 주선들께는 부끄럽기 짝이 없는 노릇이다.

용서하소서!

2007년 11월

현산국

차 례

제1부 봄

제2부 여름

제3부 가을

제4부 겨 울

제1부 봄

첫 술

고등학교 다닐 때 호기심으로 처음 술을 마신 날 걸음을 제대로 걷지 못해 친구들이 부축해야만 했다. 두 다리를 땅에 끌려가다시피 하며 홍알홍알 '안개' 라는 유행가를 불렀던 기억이 아직도 남아 있다. 그 때는 술 실력 만만치 않은 집안내력에 내 체질이 미치지 못한 줄 알았다. 그러나 얼마 후 술 마실 만한 나이가 되었다 생각했는지 둘째 형님이 가장 먼저 술잔을 건네 주셨다. 모름지기 술은 어른한테 배워야한다는 말씀도 잊지 않았다. 감히 주법을 터득했다고는 말할 수 없으나 술 한 잔 마시는 것에도 예의가 있다는 것을 그때부터 알게 되었다. 내 음주의 잠재력도 서서히 드러나기 시작한 때였다.

좁은 읍내 주막집을 돌다보면 어느 때는 형제가 한 자리에 만나는 날도 있었다. 말 그대로 형제들이 모여 즐겁게 술을 마시는 모습은 부러움의 대상이기도 했다. 형님들로부터 그만 마셔라는 말도, 싸우지 마라는 말도 들은 적이 없었으니 주사를 부리거나 술로 얻는 실수의 폐해는 생각해 보지도 않았다. 이따금 형제자매 온 가족이 모여 마시다보면 비쳐지는 눈물도 애환의 정화쯤으로 여길 뿐이었다.

아무튼 지금도 좋지 않은 기분을 풀기 위해 술은 마시지 않는다. 주막에 혼자 앉아 마셔보지도 않았고 식탁에서 반주 삼아 한 잔쯤 마신 경험도 별로 없다. 여럿과 어울리거나 대작對酌의 참맛이 있어야 술잔이 들어지는 것이다.

티끌 하나 술잔에 떨어져도 내게는 좋은 의미라며 그냥 마셔버리는 사람이 우리 둘째 형님이었다. 세파가 고통을 주었고 그로 인해 술을 마실 수 있는 핑계를 얻는다는 묘한 타협의 시절, 형님의 친구였던 어느 시인도 〈이 땅은 나를 술 마시게 한다〉는 시집을 남겼다. 그렇게 세상이 술 마시게 했던 시절이었으니 맥주니 소주니, 주정 성분은 차라리 사치에 지나지 않았을 것이다. 하물며 술잔에 떨어진 티끌이겠는가.

가슴 깊이 감추어둔 지독한 좌절을 한 쪽 폐肺에 담아 내던져놓고도 아랑곳없이 만사초월이었던 형님에게 적이자 친구는 술이었던 것이다.

조선조 세조 때 중추 홍일휴洪日休는 천하의 술고래였다. 사

신으로 명나라에 갔다가 말술을 마시다가 죽었다. 그 죽음을 아쉬워한 괴애乖崖 김수온金守溫이 만시輓詩를 썼다.

> 실컷 마실 때는 천 잔 술을 중히 여기더니
> 뜬 인생은 털 하나만큼 가볍게 여겼구나.
> 痛飮千盃重
> 浮生一羽輕

저 내구對句 하나에 가슴을 쓸어내는 인생의 의미가 어찌 뜻 없는 것이었으랴. 술잔을 앞에 놓고 세상을 잊어야했던 옛 사람들의 주도를 안다고 감히 말할 수는 없다. 이 시대, 예전과는 달리 좋은 술은 많아졌어도 인정으로 오가는 수작酬酌의 맛과 멋을 아는 사람 얼마나 될까. 문득 옛날 주막집의 때묻은 화덕가가 그리워진다.

지나친 정거장

"형님. 전데요."

"출근시간인데 어디야? 엊저녁엔 잘 들어갔지?"

심상치 않음을 금방 느낀다. 간밤 회식 끝에 열차 편으로 보냈던 우창이의 전화다.

"여기 지금 수원이거든요."

"수원? 뜬금없이 수원엔 왜?"

껄껄껄, 그가 웃는다. 어딘가 모르게 빈 웃음소리에 퍼뜩, 짐작을 한다. 내가 어이없는 듯 웃어대자 전화기 안에서 우창이의 웃음소리가 더 커진다. 간밤 늦은 시간 탄 열차에서 그대로 잠든 것이다. 내릴 곳 익산을 거쳐 대전을 지나 눈을 뜨니 아침, 지금 그가 말하는 수원이었을 것이다.

"아따. 멀리까지 갔다잉."

이십여 년 전, 통근 직행버스 안이었다. 대폿집 전전하다가 시간이 늦어 막차를 타게 된 날이었다. 안내아가씨가 한소끔 자고 있는 나를 깨워 승차표를 달라고 했다. 건네준 표를 받아 쥔 아가씨가 몇 걸음 가다가 돌아섰다.

"오매, 아저씨! 내리실 곳이 지났어요."

버스가 섰다. 부랴부랴 가방을 들고 버스에서 내리긴 했지만 도대체 어디인지 알 수가 없었다. 버스의 불빛이 멀어지자 사방이 갑자기 고요해졌다. 썰렁하게 떠 있는 초승달빛에 희미한 산 윤곽이 천천히 모습을 드러내기 시작했다.

자동차 하나 다니지 않는 시간이었다. 한동안 어처구니없어 히히히, 나오는 것이 웃음이었다. 차 가버린 곳 반대 방향으로 걸으면 되겠다 싶어 걷기 시작했다. 취기 탓인지 무섭지도 않았다. 희미하게 드러난 산세를 눈여겨보니 다행히 내려야할 정거장에서 오 리쯤 지난 고갯마루였다. 나 원 참, 별 산책도 다 하는구나하고 털레털레 걸어오는데 뜻밖에 봄날 밤바람이 얼굴에 상쾌했다.

사무실에 보온병을 든 아가씨가 들어왔다. 차茶 배달이었다. 간밤에 전주에서 기차를 탄 벽파碧坡 형이 술에 취해 그만 잠들고 말았다. 내려야할 남원을 지나 여수까지 가버린 모양이었다. 눈 떠보니 아침, 이왕 늦은 김에 직장 코앞에 있는 다방에 들렀다. 덜 깬 술이 객기를 불렀다. 아가씨에게 먼저 차 배달을 시켰다. 장長에게 보낸 커피 한 잔이었다. 생각하면 두고두고 즐거웠던 벽파의 '커피 배달사건(?)'은 '지나친 정거장' 때문에 비롯된 것이었다.

"그럼 안녕히 가세요."

내리자마자 인사를 하던 박선생이 다시 열차에 올랐다. 물을 기회도 없이 그가 객실로 들어갔고 열차는 몸을 움직였다. 나중에 들으니 내려야할 곳에서 오히려 차에 올라 한참을 더 간 것이었다. 회식 중 마신 술로 인해 빚어진 그 취중의 실수(?)를 근심하지 않고 우리는 웃어댔다.

주객들이 겪는 그런 일화가 어디 한두 가지인가. 내릴 곳에서 오 리를 갔건, 오백 리를 더 갔건 되돌아오면 그만이다. 어차피 주객에게 주막도 정거장이요, 주마走馬도 서는 곳이면 정거장 아닌가.

잘했다!

모처럼 선후배 터울이 큰 자리였다. 나로서도 함께 앉은 대선배가 어렵기 그지없는데 그 자리 또한 흔한 주막집이 아니었다. 술시중을 드는 아가씨들이 있는, 요정料亭이라 불리는 최고급 술집이었다.

자리에 앉은 사람이 그래도 예닐곱, 그런 자리가 처음인 사람들은 막내후배 또래였다. 대선배가 마련한 색다른 주흥의 자리였던 만큼 조금 주눅이 들어 보이는 것도 사실이었다.

흔치 않은 고급요리를 안주삼아 약주 잔 종지가 돌기 시작했다. 주전자가 금방 비고 처음에는 선배들 앞이라 고개 돌려 술을 받아 마시던 막내들의 자세도 차츰 이완되어 가고 있었다.

흥이 무르익어 북장단에 노래가 흘러나오고 오가는 농담 또한 걸쭉해질 무렵이었다. 막내후배 하나가 술이 취했는지 한 아가씨의 가슴을 더듬었다. 이미 아량 넓게 자리를 지켜준 대선배였지만 어린 후배의 짓궂은 행동을 애써 못 본 체하고 있었다.

"너 나 좀 보자."

맞은편에 앉았던 한 사람이 그 막내후배를 조용히 불러냈다. 제풀에 흥이 나 있던 막내가 사태파악을 못하고 자기를 불러낸 선배를 따라나섰다. 아까부터 내 눈에도 거슬려 보이는 일이어서 짐작이 가는 일이었다.

마당 한 귀퉁이로 간 그가 불러낸 막내후배를 세워놓고 따귀를 후려친 것은 나중에 들은 얘기였다.

"이 싸가지 없는 자식아! 어른 어려운 줄 알아야지!"

아무리 격의를 두지 말자는, 허락된 자리라지만 어른 앞에서의 버릇없고 물색없는 행동은 용납하기 어려웠던 것이다.

조선조 연산군이 잔치를 베푼 자리였다. 왕이 술이 취하자 한 기생을 희롱하는데 정도가 지나친 모양이었다. 재상이었던 성준成俊이 자리에서 나아가 아뢰었다고 한다.

"노신老臣이 죽지 않았으니 전하께서 그리 마옵소서."

비록 연산이 음탕하고 포악하였어도 노대신의 항변을 듣고 꺼려한 나머지 희롱을 그쳤다고 〈병진정사록丙辰丁巳錄〉은 적고 있다.

술자리에 노소가 어찌 없으랴. 친구끼리 마시더라도 지킬 예의가 있는 법인데 아무리 포용이 전제된 자리일망정 어른이 있으면 분수를 지키는 것이 도리였음을 막내후배는 잊고 있었던 것이다.

"잘했다!"

눈치를 챘던 내가 나중에 따귀를 때려주었다는 그에게 해준 말이었다.

회문回文

우여곡절 끝에 네 사람이 모여 남쪽으로 여행을 떠나기로 한 날이었다. 때맞춰 비가 내렸다. 겨우내 얼어 부풀었던 대지가 비에 젖어 가라앉으면 그 안에서 풀씨 하나라도 싹틔울 준비에 여념 없을 것이다. 생명의 신비는 물 한 방울에서 시작될 수도 있음을 알려주는 우수雨水철 비였다.

남쪽, 사천이 가까워지자 차창에 얼룩지던 비는 그쳐있었다. 차라리 삼천포라 불렸으면 좋았을 항구의 갈매기들은 예나 지금이나 누구의 가슴을 헤집으며 저렇게 나는 것일까. 끼룩끼룩 내는 소리가 여행객의 발길을 자꾸 멈추게 했다.

이곳 사람들이 강으로 부른다는 바다의 끝자락이 희미하다. 시인 박재삼은 이 바다를 슬픈 눈으로 바라보며 〈울음이 타는 가을 강〉을 썼다고 한다.

우리를 마중나왔던 사천의 한 시인이 어떤 일화를 소개했다. 해마다 열리는 시인 박재삼을 기리는 시 낭송회에서 웬 작은 초등학생 소녀 하나가 사람들을 온통 울려놓았단다. 어쩌면 그리도 시의 운율을 슬프게 짚어가던지 누구는 아예 통곡을 했다는 얘기였다. 바다는 본시 슬픔을 머금고 있는 것일까. 숨결은 고른 푸른빛을 바라보며 우리는 약속이나 한 듯 말을 삼켰다.

사천 거쳐 통영으로 건너가는 길가에 바람이 있어 보인다. 점심 때 마신 한 잔 술로 미취微醉 오른 시선들은 차창 밖으로 향해 있었다. 통영에 마중나온 분들과 만난 뒤부터 운전대를 놓은 나도 술잔을 들 수 있었다. 그렇게 마시다 헤어진 뒤 마리나 리조트의 객실에서 우리끼리의 뒤풀이가 이어졌다.

이미 취한 터이라 애초에 계획했던 대화를 집약할 수 있는 분위기가 아니었음을 안 한 사람이 발코니에 나가서 웃옷을 벗어던졌다. 비 그친 뒤의 밤 기온이 무척 쌀쌀한 곳에 나앉은 그의 차림은 곧 시위示威였다.

"오늘을 그냥 넘긴다면 여기서 움직이지 않겠소!"

사실 목적을 가진 여행길이었기 때문에 그 고집 센 한 사람의 요구에 나머지 세 사람의 정신이 가다듬어진 것이 사실이었다. 감기고뿔을 염려한 통사정 끝에 그의 시위는 끝났고,

방으로 들어온 네 사람은 술잔을 앞에 놓고 대화를 시작했다.

정재영, 장교철, 선산곡, 김경희 네 사람, 그렇게 만들어진 모임이 동인 '회문回文' 이었다. 회回자의 그림처럼 울 튼튼히 짓자는 상투의 인용만은 나 혼자의 생각이다. 수필가 김경희 형이 동쪽에, 정재영 시인이 서쪽에 살고, 남쪽에는 장교철 시인이, 그리고 북쪽에 내가 살고 있음은 우연이겠지만 사방의 벽 하나씩을 지키며 작으나마 소중한 뜻을 펴나가자는 약속은 통영의 밤에 이루어진 것이었다.

독주가 남긴 숙취에 시달리면서도 '윤이상 거리' 와 유치환의 흔적이 고르게 남아있는 우체국, 통영의 시내곳곳을 우리들은 의식의 충만함에 취해 걷고 또 걸었다. 짧은 여행 중 통음과 '웃통시위' 로 얻은 결실을 가슴에 담아두기 벌써 여러 해. 사천과 통영의 아름다운 남해바다의 풍광을 떠올릴 때면 알 수 없는 쪽빛 그리움이 밀려온다. 이 무렵 으레 솟는 새봄의 연둣빛 애수가 그 추억에 함께 묻어오기 때문이다.

노래 한 번 들어야제

“산곡이 성이우? 오늘 장날, 새조개 사놨으니 오랜만에 막걸리 한 잔 합시다.”

원주의 전화였다. 새조개, 이른 봄 장날 좌판에 나온 것을 사 둔 모양이었다. 그 맛도 맛이려니와 오랜만에 만날 수 있는 선후배들과의 정담이 그리워 두말 없이 그러마고 약속을 했다. 관사에서 집에 안 가는 수요일, 빈둥거리기 심심한 날에 받은 반갑기 그지없는 전화였다.

순창의 5일장은 한때 전국에서 규모가 크기로 유명했다. 특히 여수, 광양에서 올라오는 해산물은 대도시보다 더 풍성하여 장날이면 어시장 저잣거리는 구경거리 좋기로 정평이 나 있었다. 장류가 아니더라도 음식 입맛이 상당히 높은 수

준으로 길들여진 독특한 지역 특성을 지니고 있는 곳이 순창이었다.

극장 사거리에 있는 모서리 어느 막걸리 집에 도착하니 원주, 남이, 재수, 일상이가 앉아 있었다. 한결같이 반가운 얼굴들이라 나누어 악수를 한 뒤 막걸리 잔치가 시작되었다. 원주가 사가지고 들고 간 새조개를 손질하던 주인 아줌마가 '이 좋은 것을, 이 좋은 것을.' 소리를 연발하고 있었다. 살굵은 잿빛 새조개 맛이 아닌게아니라 일품이었다.

"노래방에 갑시다. 성 노래 한 번 들어야제."

술이 거나해지자 누구라 할 것 없이 가자는 곳이 노래방이었다. 들어야 할 노래가 정해진 것은 아니다. 공통된 정서를 위해 사람들은 노래방을 찾고 좋아하는 노래만 반복해 부른다. 일종의 정서 되풀이다. 그 되풀이를 또한 싫증을 내지 않는다.

맨 먼저 마이크를 잡은 원주가 '달타령' 을 불렀고 별 사양없이 번갈아 가며 노래들을 이어 불렀다. 분위기가 완전 무르익을 무렵, 남이와 내가 함께 마이크를 잡고 한 소절씩 부르는 노래가 있었다. 곧 모두들 듣고 싶어하는 노래, 〈백치 아다다〉였다.

초등학교 4학년 때 큰누님께 배운 노래였다. 남들이 흔히 부르지 않았던 이 노래가 70년대 초 어찌된 일인지 주변사람들에게 유행되기 시작했다. 레코드가 있는 것도 아니었고 노래방이 있지도 않았던 시절, 오로지 내 육성에 의해 전파되었던 노래였다. 가끔 어우러진 술자리에서도 이 노래는 떠나지 않는 우리들의 주제곡이 되어 있었다. 군대에 간 영곤이가 보안대 파티에서 이 노래를 불러 장교 부인들 사이에 자칭 '히어로'가 되었다고 자랑하기도 했다.

훗날 흔해져 버린 애창가들 때문에 그 정서가 퇴색되었다고 누군가 탄식도 했다. 그래도 우리에게는 가슴 찡하게 하는 추억이 남아 오랜만에 사람들이 모이면 옛날을 회상하며 열창하기도 했던 노래였다.

추억을 지닌 노래는 자기의 감정에 손쉽게 이입된다. 마치 나를 위하여 있어준 노래처럼 분위기에 취하기도 하는 것이다. 그 노래를 부르는 동안이면 한때 잊혀진 사랑이 그리워지고 철없었던 순정에 목이 메어 오기도 한다. 한때의 이별, 상처조차 껴안을 수 있을 만큼 세월은 이렇게 덧없는 것이었을까.

봄 언덕에서

토요일 오후, 꽃샘바람도 잦은 듯하다. 들녘에 아지랑이는 피어있을까.

'가자.'

다짐한다. 작은 코펠, 석유 버너, 바람막이 등을 챙겨 가방에 넣는다. 봄이 오면 '식우지름 냄새부터 그리워진다.' 던 야유野遊의 충동 때문에 나 혼자 나들이할 준비를 하고 있다. 석유와 기름의 복합된 말이 '식우지름' 이지만 쏴―하는 석유버너의 불길소리와 함께 기름이 타는 냄새가 주는 맛이 색다르다. 가스버너가 나오기 전에 그 많은 야영을 함께해 주었던 스웨덴 산 '옵티므스' 석유 버너가 아직도 내겐 소중하다.

터미널에 나와 버스를 탄다. 그다지 멀지 않은 20리 길 강가를 가는 길이지만 이 때만은 아무와 동행하지 않는다. 해마다 이맘때면 나 혼자만의 약속으로 찾아가는 강가, 물살이 투명한 곳 가까이 자리를 잡고 짐을 풀어 놓는다.

발을 씻고, 머리를 감은 뒤 석유 버너에 불을 붙인다. 커피 한 잔 만들어 마시는 의식은 고요한데 물은 작은 소리를 내며 흐르고 있다. 집에서 준비해 온 간단한 먹을거리로 소박한 요리를 시작한다. 차에 타기 전, 딱 한 병 사서 넣어 온 25도짜리 소주도 꺼내놓는다. 체질이 맞지 않았던지 마실 줄 모르는 소주를 나는, 내가 작정한 날 이 하루만큼은 준비해야 한다.

소주 한 잔 혼자서 따라 마신다. 내겐 참 지독하게 쓴 술이다. 아버지는 이 소주를 안주 하나 없이 마시기를 즐겨하셨다.

"아부지. 이 술은 무슨 맛이어요?"

어린 날 내가 여쭌 말이었다.

"두꺼비가 땡기벌을 왜 잡아먹는 줄 아느냐?"

"?"

"두꺼비가 땡기벌을 꿀꺽 삼킬 때 벌이 목구멍을 침으로 톡 쏜단다. 나도 그처럼 톡 쏘는 맛에 마시지."

장난 섞인 아버지의 이 분명한 말씀을 기억할 때마다 나는 울컥해진다. 아버지가 즐기신 톡 쏘는 소주 맛을 나는 과연 알 수 있었던가. 행여 소주 한 병 사들고 들어서면 희색만면

이셨던, 당신의 굽은 어깨가 왜 슬픈 기억으로 남아 있는지 알 수 없기 때문이다.

강 건너 뻗은 들녘에 아지랑이가 너울거린다. '까라지게 한 마디 부르고 싶다.' 했던 〈육자배기〉의 선율 같기도 하다. 내가 세월을 거슬러 기억할 수 있는 유년의 봄 언덕에도 아지랑이는 피어 있었다. 아련했던 추억과 함께 이 봄 언덕에서 아버지를 흉내내어 들이켜보는 톡 쏘는 소주 한 잔.

눈물이 솟는다.

박상규 선생

"형니임-."

문 밖에서 누군가 나를 부르는 소리였다. 보통사람보다 큰 키에 학사장교 정복을 입은 늘씬한 군인 하나가 성큼성큼 마당으로 들어서고 있었다.

"이그미!"

신혼 시절, 단칸방 유리창으로 그를 본 순간 내가 내뱉은 소리였다. 짧은 기간이었지만 함께 근무하는 동안 남다른 추억을 쌓아두고 입대했던 사람이었다. 특별 외박 틈을 내어 찾아준 그의 얼굴은 구릿빛으로 물들어 있었다.

오랜만에 생맥주를 마시며 미래의 열망과 세월의 여과로 얻을 수 있는 것들을 우리는 얘기했다. 청춘의 힘이 든든해 보였던 그의 얼굴에 아픈 첫사랑의 그늘이 잠깐 스쳐가기도 했지만 심각한 것은 아니었다.

몇 년 뒤, 제대하여 복직했으리란 짐작 하나로 연감을 뒤져 그를 찾기 시작했다. 장수 두메 어디쯤, 교직원 명단에 실린 그의 이름을 볼 수 있었다. 그가 분명해 보였지만 전화를 하지 않고 나는 편지를 썼다.

'혹 당신이 산곡이란 이름을 알고 계신 분이라면 내가 누군지 알 수 있을 것이요, 모르는 이름이면 동명이인에게 보인 실례를 이해해 달라.' 는 정중한 뜻을 담아서였다. 그러나 사실은 너 그럴 수 있느냐는 뜻이 포함된, 다분히 엄살(?)을 부린 편지였다.

며칠 후 직접 모습을 나타낸 그와 함께 술잔을 들었을 때는 13대 대통령 선거운동이 한창이던 초겨울이었다. 바삐 복직의 수순을 밟느라 가장 먼저 연락했어야할 내게 실수했다는 말이 꺽꺽꺽 웃는 웃음소리에 담겨 있었다.

"너 그러기냐는 뜻의 엽서 글씨를 보고 모든 사람들이 부러워허드랑게."

오랜만에 만나 쉬지 않고 시시덕거렸던 포근한 밤이었다.

나라면 더러 잊고 말았을 주변 사람과의 관계를 그는 결코 소홀히 하지 않는다. 우리의 자리에 늦게 합석했던 한 시인이 크게 취하여 그에게 실수를 한 적이 있었다. 처음 만난 나이

어린 시인의 객기를 질책하지 않고 그는 묵묵히 자리에서 일어나 밖으로 나가버렸다. 나와 시인, 시인과 자기 자신, 곧 사람과 사람끼리의 인과를 중요하게 여기는 행동이었다.

내 졸작의 출판기념회에 '형님이 정말 좋아할 사람들' 이라는 말 하나로 함께 온 그의 친구들이 있다. 자기 못지않게 키가 큰 일본어 전공인 김병준 선생과 88서울올림픽 개회식에 성화를 점화했던 정선만 선생이다. 처음 본 얼굴들이었지만 그의 손에 이끌린 진지한 동행同行은 그들만의 돈독한 우의에서 비롯된 것임을 나는 안다. 그날부터 그들의 우의에 공짜로 편승한 내 우정도 마치 십년지기가 된 듯하여 우리는 만날 때마다 즐겁다.

물결주름진 머리칼에 믿음직한 얼굴, 비브라토가 훌륭한 그의 가창력은 수준급이다. 주석에서 술잔을 들었다 놓았다 하지 않아 특히 좋은 그 이름 박상규朴相奎. 자기와 똑같은 얼굴을 한 쌍둥이 의사 형님이 있어 주변에는 즐거운 사건도 많다.

"제가 갈 테니 형님 거기 계셔요잉."

오늘도 한 잔 마시자며 어디로 가라오라 불편하게 하지 않았던 그다. 죽맞아 즐겁게 마신 뒤 헤어져 돌아오는데 밤바람이 그의 웃음소리처럼 상쾌하다.

열세 시간

봄비가 내렸다. 동화작가 청계淸溪가 운전하는 차를 타고 부안 가는 길, 시의원인 김상휘 소설가의 한 마디가 하루의 분위기를 미리 예측해 주고 있었다.

"바닷가에 가면 안주가 필요 없어. 한 잔 마시고 코만 벌름벌름하면 돼."

바닷내를 들이마시면 된다는 말이었다. 더불어 밤이면 눈만 있으면 된다고 했다. 등댓불을 바라보고, 하늘의 별을 보면 더 이상 술안주가 무슨 필요인가. 그 불빛, 별빛 모아다가 사랑하는 사람에게 팍! 쏘아주면 된다는, 이날 평생 들어본 말 중 최고의 술안줏감 애기였다.

"달디 단 감홍시 냄새가 나네."

부안버스터미널에서 기다리던 평론가 여강余江이 앞자리에 올라타자 운전대를 잡은 청계가 하는 말이었다. 감이 홍시지만 '감홍시'라는 표현은 곧 감치는 말맛이 분명하다. 간밤 늦게까지 술 마셨을 여강의 여취를 알 수 있는 말이기도 했다.

목적했던 일이 마무리될 무렵 비가 그쳤다. 부안 수산시장의 어느 식당 방에서 오랜만에 만난 정다운 사람 넷의 술자리가 시작되었다. 말마따나 들숨날숨 코로 맡는 바닷내 안주는 아니었지만 굴, 바지락에 참기름 듬뿍 친 회 맛이 일품이었다.

"석화石花 한 대접 사 갖고 와."

어떤 시인의 전화는 이어질 회동의 빌미를 미리 마련해 둔 셈이었고 소설가 한 분은 멀리 남해에서 전화를 받으며 먼저 탄식이었다.

"아이구, 그 좋은 자리."

비 오는 날 술멋 아는 사람들과 어울리면 술맛이 난다던가. 이후 두루두루 술꾼들께 전화를 넣었지만 의외로 통화는 되지 않았다.

전주 삼천동 막걸리동네로 자리를 옮기자 그 동안 운전 때문에 술잔을 들었다 놓았다만 했던 청계가 드디어 목 단추를 풀었다. 처음 막걸리에 맥주를 섞은 술을 마시는데 그 맛이 왠지 마뜩찮다. 오늘은 맥주로만 하자는 청계의 말을 좇아 쓰던 잔 물리고 새 잔 가져오게 했다. 사람은 어느새 여덟 명으로 늘어나 있었다.

자리를 또 옮기기 위해 밖으로 나오니 어느새 밤, 이번에는 벽낙서 어지러운 어느 집이었다. 먹물에 수채화 붓은 어울리지 않았지만 몇, 벽 위에 일필 그어 놓으니 술은 취했어도 왕희지가 따로 있지 않은 분위기였다.

이젠 몇 군데였을까. 이미 차次의 분별을 헤아리지 못할 무렵인데 문득 정신이 들었다. 마시고 마시다보면 깬 술이었던가, 시계를 보니 하루가 지나 있었다. 그 사이 취기로 어떤 실수를 했을지 모른다. 그러나 자리 옮겨다니며 어디에선가 잃어버린 우산처럼, 시름도 함께 잊었을 것이다. 손가락으로 술 마신 시간을 세어보니 겨우 열세 시간이었다.

독배

멀리 자동차 불빛이 뻗어온다. 어둠에 묻혔다가 잠깐 비친 불빛에 신록의 잎사귀가 투명하게 흔들리다 사라진다. 잎을 흔드는 바람은 화장비누 냄새를 품었다. 아름다운 계절이었다. 그러나 그 은근하고 상쾌한 향기를 즐길 여유가 내게는 없었다. 오히려 후각을 자극했던 것들이 아픔의 원천이 되었음을 안 것은 나중의 일이었다.

모두가 그렇게 나를 떠났다. 나는 그냥 서 있을 뿐이었고 볼 수 있는 것은 그들의 뒷모습뿐이었다. 어처구니없는 결별이었다. 한결같이 나를 떠나가는 결정적인 이유를 알 수 없었다.

우리라는, 같은 진영이 아닌 타인에게 베푼 마음 하나 때문이었다. 믿었던 만큼 배신감이 컸다는 강변이 황당하고 어이없기만 했다. 그 정도였구나, 남에 대한 배려를 그렇게 질시할 정도면 다 떠나도 좋다고 나는 이를 악물었다. 편지 한 장, 필화筆禍가 불러온 파장이었다.

그들은 내가 배반했다 질책했지만 나로서는 그들이 이해되지 않았다. 감당해야할 무게가 그들보다는 무거웠고 그들을 이해시킬 수 없는 혼자라는 것이 힘들기만 했다. 다수의 논리에 꺾여버린 자존심이기도 했다. 단언하건대 내가 배반당한 것이라고 나는 생각하고 있었다.

"앞으로 너희들을 좋아하지 않겠다."

1년 후, 화해의 자리였다. 내 말이 주변의 침묵을 가져왔다. 나는 여전히 혼자였고 여전히 그들은 다수의 '우리' 였다.

"그러나 싫어하지도 않겠다."

이어진 내 말은 간단했다.

한때 단죄했던 괘씸죄의 올가미를 풀어준 것에 대한 감사의 말도 분명 아니었다. 애증조차 사라진 내 각오를 이해했는지 그들은 아무 말도 하지 않았다. 나는 이미 외로움에 길들여졌고 그에 관하여 철벽처럼 단단한 가슴을 지니겠다는 오기에 차 있었다.

내 행위가 우리라고 생각했던 '울타리' 를 벗어난 것이었다면 더 이상 그 울타리 안에 머물지 않겠다는 내 분명한 선언이었다. 누군가 '잊자' 며 술잔을 들었다. 그러나 내게는 독을 탄 듯 쓰디 쓴 술이었다. 고독이라는 독을 풀어 스스로 마신 셈이었다.

다시는 말하고 싶지 않았고 누구도 말하지 않은 상처였다. 재에 묻혀있는 잉걸불이었으며 건드려서는 안 될 뇌관이기도 했다. 그렇게 40여 년 세월이 흐르는 동안 여전히 나는 혼자였다. 한때 그들에게 받았던 배척을 오히려 달콤하게 생각하며 누렸던 '자유' 였다.

처음 영문도 모른 채 어둠 속에 서 있던 밤, 그 한 줄기 뻗어온 불빛에 비친 투명한 잎사귀가 내 청춘의 단면이었다. 상징처럼 간직해온 빛, 슬픈 독배, 슬픈 청춘이었다.

꽃잎 지는 밤

결혼식이 끝난 뒤 서윤석, 조만수, 정인섭, 선산곡 네 명이 남았다. 경삿날 화창한 날씨처럼 큰 부조가 없다는데 오랜만에 만난 사람들의 표정도 그 날씨와 닮아 있었다. 대낮이었지만 곧장 헤어지면 안 된다며 가까운 공원을 향해 함께 걸었다. 공원 가게 야외 탁자에 둘러앉으니 먼발치 실버들이 초록 물감을 비벼놓은 듯 아름다웠다.

봄기운에 취한 탓이었는지 지나가는 사람들 그 누구도 우리에게 시선을 주지 않아 다행이었다. 권커니 잣커니, 제법 긴 시간 술을 마시는 동안 해가 어느덧 서쪽으로 기울어 가고 있었다.

“우리 자리 옮기자.”

내가 서둘렀다.

한 곳에서 줄곧 앉아 술 마시는 것이 따분해진 탓도 있지만 해 기울어 야외에 앉아 있자니 소매 끝이 시려왔기 때문이었다. 공원 뒤쪽 작은 마을엔 아직도 소박한 옛 모습들이 남아 있었다. 간판 하나 높이 솟은 것도 없고, 번듯한 건물 하나도 없는 이 서민의 거리는 언제나 포근하고 따뜻한 인정이 흘러 보였다. 지붕이 낮은 작은 주막이 우리의 시선을 끌었다. 이미 취하여 떠들썩한 우리들 등장에 주모의 움직임이 바빠지기 시작했다. 술청엔 젊은 청년들 네댓이 건넌 식탁에서 식사를 하고 있었다.

술이 한 순배 돌자 저절로 노래가 흘러나오기 시작했다. 속 좋아 보이는 주모가 괜찮다는 듯 웃었고 그런 중에 판소리 한 가락이 흘렀다. 춘향이가 자탄하는 '갈까보다' 였다.

청년들이 나간 뒤였다. 주모가 맥주병과 잔 하나를 들고 우리 자리로 왔다.

"우리 아들이 밥 먹고 나가면서 뭐란 줄 아슈?"

"저 중에 아들이 있었소?"

"예. 나가면서 나보고 '엄마 저 노래 때문에 오늘 밤 술 마실 것 같네.' 합디다."

주모가 맥주병을 까더니 말을 이었다.

"그나 쪼끔만 마시라고 합디다."

우리들의 입이 벌어지기 시작했다.

“이 술은 내가 내요잉?”

첫 잔이 내게로 왔다. 우리들은 즐거워서 더 흥이 났고 주모 또한 권하는 술잔마다 사양치 않았다. 한동안 한적했을 주막집 술청에 오랜만에 노랫소리가 채워지고 있었다. 어디선가 꽃잎이 피고, 어디선가 꽃잎이 지고 있을 봄. 밤이 내리고 있었다.

와거포萵苣包

보름간의 연수가 끝났다. 개인적으로 별 영향력 없는, 단지 의무로 받아야만 했던 연수였다. 도시 근교에 있는 연수원에서 말 그대로 피교육자의 입장이 되어 평가를 대비한 학습을 해야 한다는 것은 만만치 않은 정신적 긴장이었다.

연수기간 동안 평소에 술꾼으로 알고 있는 사람들조차 '대포 한 잔' 하자는 말들이 없었다. 모두가 열심인데 혼자 빈둥거리는 듯 한 잔 마시자는 선동을 할 수도 없는 노릇이었다. 다만 마지막 날 그 동안의 노고를 서로 위로할 어떤 자리가 마련되겠거니 하는 기대는 가지고 있었다.

그러나 연수가 끝난 날 기대와는 달리 사람들은 흩어지고 있었다. 저마다 연수 종료의 해방감 때문인지 서둘러 차를 타고 연수원을 빠져나가고 있었다. 아니면 말지, 어쨌든 연수는 끝났구나하고 터덕터덕 차 있는 곳으로 혼자 걷는 길이었다. 얼굴은 익혔지만 대화를 나눠본 적 없는 연수 동기 한 분이 앞에 서 있었다. 유남진 선생이었다.

"한 잔 마시려거든 차는 두고 나와야 하지 않겠습니까? 뜻 있는 분들은 그 장소로 나오실 겁니다. 오실 수 있지요?"

전주 모처에서 만나자는 말이었다. 방금까지 속으로 '개 코나' 하고 투덜거렸던 나로서는 뜻밖에 간곡한 그의 말이 고맙기 그지없었다.

모두에게 전달되지 않았다지만 그래도 모여든 사람들이 열두어 명이었다. 그러면 그렇지, 거음巨飮의 반열에 선 반장이었던 정일웅 선생이 그렇게 맹맹하게 이번 일을 끝낼 리 없었다.

"모두들 수고했습니다. 자! 우리 모두를 위하여!"

건배를 시작으로 식당 '토성'의 돼지갈비 상추쌈으로 마시는 술 맛이 달았다. 그렇게 시종일관 화기애애한 분위기는 연수 동기의 유대를 새롭게 만들어주기 충분했다. 흥에 겨워 노래가 나왔고 일웅 형은 가곡 '명태'를, 누구는 '제비'를, 누구는 판소리 춘향가 중 '사랑가'를 불렀다.

그런 연유를 두어 화가들의 모임이 이루어졌다. 회장은 정일웅 선생, 유정호, 김용섭, 양만호, 유남진, 김명식, 정세란,

유금남, 소진진, 김경옥 화백들. 모임 이름은 나더러 지으라는 명령이 떨어졌다.

단합대회의 날 회장의 승용차 트렁크에 상추 한 상자가 들어있어 나는 살짝 미소를 지었다. 그날 심사받고자 지어가지고 나간 모임 이름은 ‘와거포萵苣包’ 였기 때문이었다. 이후 그 명칭이 여러 사람의 궁금증을 자아낸 모양이었지만 어쩌면 흥興으로 어쩌면 자부自負있어 함께 즐기는 우리의 이름이 되었다.

10년이 지났다. 이팝나무 꽃 흐드러진 봄날 밤 모임이었다.

“예약하셨습니까?”

“와거포입니다.”

“아, 와거포.”

주인이 식당로비의 예약안내 패널을 바라보더니 그 뜻이 무엇이냐고 물었다. 모임이 뜻했던 상징과 내포된 의미까지 전달할 필요 있으랴, 대뜸 내 입에서 대답이 나왔다.

“상추쌈!”

왓!

그날도 아침부터 술을 마셨다. 술시 유시를 따질 때도 아닌 일요일 이른 아침이었다. 우연히 만난 기오 형과 마시기 시작한 술이었다.

해가 중천에 오르자 강천산에 가서 한 잔 더 마시자고 결론이 났다. 취중의 호기가 결국 택시를 불렀고 그 택시 안에서 우리는 '봄날은 간다' 는 노래만 계속 불러댔다. 나도 기오 형도 택시기사도 서로 알고 있는 처지였기에 가능한 일이었다. 흐르는 차창 풍경은 정말 '가고 있는 봄날' 이었다.

계곡 곳곳에 사람들이 봄기운에 취해 있었다. 우연히 친구를 만난 기오 형이 잠깐 다른 자리로 가 있는 동안 나는 병풍바위 앞 흐르는 물로 얼굴을 씻고 있었다. 상쾌함에서 오는 경각이 그 동안 마신 술을 깨게 해주는 모양이었다. 얼굴에서 떨어지는 물방울을 그대로 둔 채 바위 위에 올라가 주저앉는데 선들, 봄바람 한 가닥이 이마를 훑고 지나갔다.

"성."

누군가가 나를 부르는 듯했다. 싱그럽게 돋은 나뭇잎 가지 사이로 보이는 사람이 뜻밖에도 상희였다. 바위를 건너뛰어 내가 있는 쪽으로 오는 그를 자세히 보니 이미 한 잔 마신 듯한 얼굴이었다.

"어디서 오는 길이냐?"

"선 보고 왔어라우."

거리낌없는 대답이었다. 결혼 적령기가 되었으니 선을 보는 일이야 자주 있는 일이었지만 건성으로 하는 대답이 어쩐지 장난기가 있어 보였다. 선 본 뒤 강천산에 왔다가 한 잔하고 있는 중에 기오 형을 만난 모양이었다. 내가 있다는 곳을 기오 형이 알려주자 곧장 이리로 왔다는 상희의 얼굴에는 묘한 웃음이 서려 있었다.

"중매쟁이하고 어머니만 나왔으면 됐지. 아, 여자 오빠까지 나왔더라고."

"매제될 놈 얼굴 보고 싶었능갑다."

"그 오빠란 놈을 보니 세상에, 옛날에 내가 야물게 두들겨 팬 적이 있는 놈이었지 뭐유."

학창 시절 시골에 놀러갔는데 어떤 아그똥한 놈이 텃세를 부려 두들겨준 적이 있었다고 했다.

"여자는 괜찮았는데…."

그 오빠 때문에 퇴짜를 맞았다는 것이다. 그 말을 듣는 순간 '푸하하하하' 내 입에서 웃음이 터졌다. 그런데 빙글, 눈앞 풍경이 회전을 하는 듯했다. 너무 웃다가 몸의 중심을 잃은 것이다.

"왓!"

바위 아래 물로 풍덩! 빠지기 직전의 나를 보고, 나보다 먼저 상희가 지른 고함소리였다.

갑시다!

“막 한 잔 시작했어. 얼굴 한 번 보고 싶네?”

일요일 오후 청계의 전화다. 함께 있는 사람들 이름이 여간 반가운 게 아니어서 미적거릴 시간이 없었다. 단지 ‘토요일이면 좋았을 것’ 이란 생각이 잠시 머물렀다 스쳐간 정도였다.

“아고메!”

정가네 주인마님이 나를 보자마자 반기는 소리였다. 주가에서 주객을 반기는 것은 그 또한 주흥의 한 부분임이 분명하다. 꽤 오랜만에 찾는 주가이니 만큼 만나는 사람과의 인사도 반갑기만 하다.

방에 드니 빈 맥주병이 방구석 한쪽에 일렬 횡대로 늘어서 있다. 안주로 나온 푸성귀가 이미 시들해졌고 반찬들이 꾸들꾸들해진 것을 보니 아까 청계의 말처럼 '막 시작한 자리'는 분명히 아니다.

한낮에 한 잔 마시자는 진동규 시인의 말에 '대낮에 무슨 술입니까?'고 김상철 시인이 대답했단다. '그럼 대낮을 밤처럼 생각하며 마시면 될 것 아니냐.'는 동규 형의 말에 김 시인이 그만 넋이 나가버린 모양이었다. 두 시인이 자리를 정하자마자 청계를 불러냈고 한참 뒤 내가 불려와 말석에 들게 된 것이다.

"조금 늦게 불러낸 게 미안해서 한쪽으로 치웠네."

벽에 늘어선 빈 술병을 보고 청계가 말했지만 누가 뭐래나? 후래 삼배後來三杯로 웃고 마시기 시작한 술이었다.

"홉!"

한 방울이라도 남을 세라 흡인력 있게 마시는 소리는 언제나 듣기 좋은 동규 형의 매너다. 찰그랑 소리 두 번 나도록 잔을 위 아래로 맞부딪는 기교도 깔끔하기 그지없다.

"갈 곳이 있는데 아무도 그 집을 못 찾아."

동규 형이 어떤 집을 내게 물었다. 한 짝 넘게 술병들이 방구석 도열을 마친 뒤였다.

언젠가 경순이와 들른 어느 이층 맥주집에서였다. 자리에 앉자 눈에 익은 글씨가 있다며 경순이의 시선이 내 등 뒤로

가 있었다. 돌아보니 장식으로 드리운 커튼 위에 어지럽게 쓴 글씨들이 눈에 띄었다. 뜻밖에 내 글씨도 그 안에 춤을 추고 있었다. 그제야 지난 해 어느 날, 동규 형과 여강, 김상철 시인과 함께 들렀던 집이었음이 생각났다. 그날 우리들의 대화를 우연히 들었던 주인 내외가 자꾸 '좋은 말씀 일필휘지'를 부탁하며 펼쳐 놓은 것이 커튼자락이었다. 비록 묵필 아닌 매직펜이었지만 우리가 취중 호기로 한 마디씩 휘갈겼던 글씨가 거기 있었던 것이다.

그런 일이 있었다는 정도였지, 나중에 누구도 그 집의 위치를 아는 사람이 없었다. 예외가 아니었던 내가 우연히, 그것도 맑은 정신에 들렀던 터라 기억할 수 있는 집이었다.

"그 집 알아?"

"알지요. 갑시다!"

개똥이

세미나가 끝난 뒤 밤늦도록 마시다가 자리를 옮기자는 결론이 났다. 밤도 늦었지만 시내에서 한참 떨어진 곳이라 문을 연 가게는 물론 지나가는 택시도 없었다. 일정이 끝나면 전화해 달라는 개똥이의 말이 그때야 생각났다.

"고향에 왔으니 소주 한 잔 해야지."

내게 연락도 안 하고 그러기냐는, 핀잔 같은 그의 말에 가슴속 파장이 일었다. 취중이었지만 그 파장이 되살아나 전화를 했고 깜빡 잠들었다는 개똥이가 차를 보내준다고 했다. 얼마 안 있어 어둠 속에 서 있는 우리들 앞에 택시의 불빛이 멈추어 섰다.

네거리에서 기다리고 있는 개똥이를 만난 시간은 자정 무렵이었다. 길 모서리에 있는 맥주집에 들어서니 늦은 시간인데도 사람들이 붐비고 있었다. 들이킨 생맥주 시원한 맛이 흐느적거린 정신을 잠시 맑게 해 주는 모양이었다.

개똥이의 얼굴이 자세히 보였다. 머리칼에 내린 하얀 서리, 귀티를 지닌 뚜렷한 이목구비에 어느새 지긋한 나잇살이 내려와 있다. 걷는 길은 달랐지만 걸어야할 마음의 길은 조금도 다르지 않았던 어제의 우리들이었다.

어느 날, 개똥이가 손가락에 끼고 있던 반지를 쑥 빼냈다.

"이것 끼소."

느닷없이 내 손가락에 반지가 끼워졌다. 석 돈쯤 되는 묵직한 금반지였다.

"그 나이에 손에 반지 하나는 있어야지."

끼느니 마느니 실랑이 끝에 결국 내가 지고 말았다. 아무 조건 없이 저 하고픈 마음 하나면 그만인 개똥이의 고집을 잘 알고 있기 때문이었다.

한동안 그 반지는 내 손가락에 끼어 있었다. 조금 커서 헐렁했지만 절대 빼지 않았던 것은 개똥이의 마음이 소중해서였다. 향우회가 열리는 서울 가는 버스에 나란히 앉았을 때 이번에는 내가 그 반지를 빼냈다.

"두어 달 훈훈하게 이 반지 보고 살았다. 내 손에는 조금 무거워. 아무래도 너한테 맞는 반지다."

반지를 제 손가락에 끼워주는 나를 보고 개똥이가 빙긋이 웃었다. 참으로 편안하고 멋진 웃음이었다. 서로를 잔약孱弱하게 여길 이유 없는데도 주고받는 마음이 늘 그래왔다. 언제나 사랑이었고 존중이었고 이해였다.

문득 눈여겨보니 개똥이의 손에 반지가 보이지 않았다. 어쩌다 만났던 동안에도 무심히 스쳐온 그의 손. 언제 개똥이는 손에서 그 반지를 빼냈을까. 다분히 경제 비상용이어야 한다던 그 반지의 퇴장은 무슨 이유 때문이었을까.

맥주조끼를 들었다. 가슴에 진동이 일었다.

내 동생 선귀식宣貴植. 작은아버지 생전에 사랑으로 부르신 이름, 개똥이였다.

제2부 여름

술, 이 시벌녀르 것
유월
퇴짜
토란잎으로
비가 연꽃을 씻으니
기오 형
남이
그러나 눈 감으면
뻔니 성
배삼용 씨
소리 시간 반
차버린 술상
샴페인
휘어진 우산

술, 이 시벌녀르 것

그 해 오월에도 어버이날 어머니들을 모시고 야유를 가는 다락회 행사가 있었다. 해마다 해오는 일이었는지라 선물로 드릴 고무신 문수는 아들들이 모두 알고 있는 터였다. 음식은 막 결혼한 회원의 새댁들이 장만하기로 하고 누구는 꽹과리, 누구는 장구, 심지어 장구를 맬 끈으로 아기기저귀 포布까지 챙기라는 둥, 우리들의 놀이 준비는 착착 진행되고 있었다.

어버이날 하늘이 유난히 맑았다. 아침 일찍 약속장소에 나오신 어머니들 가슴에 아들들이 달아드린 빨간 카네이션도 빛이 선명했다. 코빼기고무신 한 켤레씩 선물로 드리고 난 뒤, 희색이 만면하신 어머니들을 택시로 모시고 간 야유회 장소가 강천산 병풍바위 밑이었다. 산 계곡 오월의 신록이 아름답기 그지없었다. 바위 틈을 흐르는 물줄기가 아직 서늘했지만 햇볕은 벌써 따가워져 있었다.

주조장에 특별히 부탁하여 술덧酒精까지 탄 막걸리가 두 말, 큰 함박에 콸콸 부어놓은 술 빛이 달아 보였다. 아들들이 앰프를 설치하고 잘 들리는 쪽 나뭇가지에 나팔을 걸어놓는 사이, 며느리들 몇은 음식을 담고 나르며 한동안 부산하였다. 그렇게 자리를 마련하는 동안 한복으로 곱게 차려입은 어머니들은 물가에 선 떼죽나무 그늘에 앉아 계셨다.

자타가 공인하는 놀이꾼이 많았던 모임이었으니 이 하루의 유흥은 최고가 될 것이 분명했다. 철저하게 어머니들께 놀이 수준을 맞추었던 우리들의 실력을 당신들도 너무 익히 알고 계신 터였다. 더러 장가도 들었지만 총각들이 대부분이었던 우리들의 놀이는 말 그대로 재롱에 가까운 것이었다.

"어무니. 술 한 잔 잡수실라요?"

아무래도 술잔이 돌아야 흥이 나게 마련이라 술을 잘 드시는 원주 어머니께 내가 먼저 권해 드리는 말씀이었다.

"아이고, 엊저녁에 많이 마셨다. 이따가 마실란다."

"그러시지요."

원주 어머니는 원주가 군대에 있을 때 하루도 빠짐없이 밥 한 그릇 담아 뚜껑 덮어 살강 위에다 올려놓은 분이셨다. 막내아들이 불쑥 들어설 것 같아 그러신다는 그 분의 애틋한 자식 사랑을 우리들도 평소 잘 알고 있었다.

주흥이 무르익었다. 어머니 아들 할 것 없이 장구잡이 앞에서 노래를 부르면서 덩실덩실 춤을 추는 우리들을 지나가는 상춘객들이 쳐다보기도 했다. 별난 놀이다 싶었겠지만 그들의 표정도 즐거워 보였다. 화전을 붙이지는 않았지만 장구 치고 춤추는 야유를 보통 화전놀이라고 했던 당시의 놀이판이었다. 젊은 청년들이 어머니들과 어울려 노는 모습 또한 흔한 일은 아니었다.

그런 동안 원주 어머니께서는 아들이 벗어놓은 양말이며 셔츠를 빨아 바위 위에 널고 계셨다. 아무래도 간밤에 약주가 과하셨던지 평소보다 흥취가 더디 올라오는 듯, 간간 술잔을 드려도 손사레를 치기만 하셨다. 그러다 얼마간 시간이 흐른 뒤였다.

"어무니. 인자 한 잔 드셔도 되겠습니까?"

"그러까?"

그 반응이 반가워 넓은 통에 부어놓았던 막걸리를 사발로 휘휘 저어 철철 넘치게 떠서 드렸다. 잔을 받으신 원주 어머니, 잠시 짬을 두시다가 가볍게 혀를 차시는 것이 아무래도 망설여지는 모양이었다. 그러다가 잔을 입 가까이 가져가시며 불쑥 하시는 말씀이 뜻밖이었다.

"시벌녀르 것."

'?'

푸념 반 농담 반 풀어놓으신 입담이 걸쭉하고 재미있어 주변에 서 있던 우리들의 입이 반쯤 벌어지기 시작했다.

"대먼 넘어간디잉."

입에 대면 그래도 마셔진다는 말씀이었다. 카, 잔을 비우시더니 그 잔을 쑥 내밀며 하시는 말씀.

"한 잔 더 도라!"

이후로 우리들 술자리의 축배사는 당연히 그 말이 되었다. 얼핏 처음 듣는 사람이면 거친 욕설로 생각할 수도 있었겠지만 그보다 더한 외설조차 여과된 이 언어를 어색해하는 사람은 아무도 없었다. 하나의 언어가 당시의 분위기에 정확하게 어우러져 두고두고 기억되기란 그리 흔한 일은 아니다. 그때 우리들의 효심이며 우의를 하나로 아우르게 하는 것으로 이 말 외에 더 이상은 없다고 해도 과언이 아니었다. 이야기를 전해들은 사람들조차 유행처럼 술청에서 소리높였던 말이 된 것이다.

세월따라 어머니들은 거의 다 유명을 달리하셨고 그 아들들 중에서도 몇은 세상을 떴다. 우리들의 삶도 어느새 나이테 굵어져 해마다 오는 봄이 웬일인지 쓸쓸해지기 시작한다. 살아온 세월의 쳇바퀴가 무심하다는 생각이 앞서기 때문일 것이다. 그렇지만 가슴에 누벼진 옛날의 기억을 되살리는데 이

봄이 어찌 뜻 없다 할 것인가. 비록 주책없는 사람들이란 핀잔을 들을망정 한 번쯤 그들과 다시 모여 그 소리 높여가며 정다운 술잔을 들 수 있다면 더 없이 즐거울 일이련마는.

유월

작은 마당, 울타리에 선 감나무 잎사귀가 짙푸르게 빛나고 있었다. 왕성한 생명력을 보여주는 윤택함이 차라리 한가해 보였다. 그 초여름의 정적을 깨트리는 오열소리가 들렸다. 묘한 대조였다.

부음을 듣고 들어선 작은형 집 풍경이었다. 어처구니없었지만 실은 미리 짐작하고 있었던 일이기도 했다. 어김없이 계절은 순환하고 있는데 그 흐름의 한 순간을 멈추어 선 작은형은 그렇게 또 다른 길을 떠난 것이다.

발인 날은 하늘이 맑았다. 관악대가 상여를 앞장서 쇼팽의 장송곡을 연주했고 내가 쓴 명정이 그 뒤를 이었다. 장지 앞까지 함께 걷는 사람이 줄을 잇는, 드물게 긴 장례행렬이었다. 산에 다다르기까지 사람들은 숙연했고 말들을 아꼈다.

곳곳에 찔레꽃이 피어 있었다. 진혼의 빛을 닮은 하얀 꽃이었다. 눈앞이 흐려지기 시작했다. 사방에 가득한 찔레꽃향기가 가슴에 담겨진 눈물샘을 새롭게 자극한 모양이었다. 마지막 하관 때 올려다본 하늘엔 어느새 구름이 끼어 있었다.

"그만 내려가시지요."

봉분이 이루어지는 동안 하산을 미룬 친지 분께 드린 말씀이었다.

"아녀! 중기俊圭한테 기연이 술 한 잔 따르고 갈란다."

기어코 한 잔 술 뿌리고 가겠다는 친지 분의 슬픈 고집이 오히려 고맙기만 했다. 그러는 사이 지관을 맡았던 집안 형님이 산마루 오동나무 아래 앉아계셨다. 혼자 흥얼거리는 단가소리가 바람을 타고 흘러 내렸다. 이 애사에 전혀 닿지 않는 사설인데도 가슴에 깊은 파장이 일었다. 나도 따라 흥얼흥얼, 소리는 점점 높아지고, 높아진 소리는 울먹이고 있었다. 큰누님이 또 울었다. 참으로 끈질기게 마르지 않는 누님의 눈물이었다.

봉분 겉마른 흙과 뗏장 위로 술이 뿌려졌다. 갈증을 벗은 형의 미소가 보이는 듯했다. 거침없이 술이 들어가기 시작했다. 생전의 형이 부어주던 술잔인 듯, 술을 물처럼, 물처럼 술을 마시기 시작했다.

삼우제날 산 오르는 길에 여전히 찔레꽃은 피어 있었다. 무덤 앞에 놓을 꽃이 따로 없어도 좋을 만큼 조화처럼 피어 있었다.

문득 산 아래 먼 들판에서 연기가 피어올랐다. 보릿단 태우는 연기였지만 진혼의 향처럼 처연히 피어오고 있었다.

무덤 위로 하얀 나비 한 마리가 날아올랐다. 서툰 날갯짓으로 주변을 맴돌더니 멀리 북쪽을 향하여 날아가고 있었다. 나비가 보이지 않을 때까지 북쪽을 향한 내 시선은 바뀌지 않았다. 우연이었지만 마치 형의 영혼이라도 되는 듯 나비가 사라진 곳을 향하여 나는 술을 뿌렸다. 마지막 배웅이었고 계절은 처연하기만 한 유월이었다.

퇴짜

날이 무더워지기 시작한 초여름 밤이었다. 희철이에게 전화를 했다.

"지금 바빠서…."

미적거리는 소리에 미련 없이 '알았다.' 며 전화를 끊었다. 파르르, 성깔을 부린 듯한 것을 희철이가 알아주기 바란 태도이기도 했다. 전화 부스 안에서 한참을 그냥 서 있었던 것은 갑자기 갈 곳이 없다는 당혹감 때문이었다. 만나고 싶은 사람이 바쁘다는데, 그럴 때를 대비해 두지 않고 먼 거리를 오다니, 처음엔 약이 올랐지만 차츰 마음이 쓸쓸해지기 시작했다.

거리를 그냥 걸었다. 눈높이까지 내려온 가로수 잎사귀를 한 장 똑 따서 부채처럼 부치기 시작했다. 할랑할랑 힘없이 흔들리는 플라타너스 잎사귀. 청승이다 싶을 정도로 하얀 한복 차림이었다. 지나가는 사람들이 눈길을 주었지만 개의치 않았다.

"형님 아니슈?"

누군가 내 앞을 가로막아 섰다. 타향인 이곳으로 아주 이주해 터를 잡은 사람이었다. 배구를 잘했던 학창 시절의 그는 내 중학 1년 후배였다.

"아따매, 형님. 모처럼 호톳하게 만났는디, 술 한 잔 합시다."

수인사만 나누고 헤어지던 그간에 비하면 뜻밖의 일이 분명했다. 어떤 놈에게는 채였는데 생각지도 않았던 사람으로부터는 술 한 잔 하자는 권유가 이렇게 극진하다니.

그의 손에 이끌려 들어간 주점, 실내의 붉은 꼬마 등이 매혹적으로 깜박이고 있었다. 성탄절도 아닌데… 속으로 중얼거리면서 자리에 앉았지만 혼자 걸었을 때의 쓸쓸함은 여전히 가라앉지 않고 있었다. 그런 만큼 마음이 편치 않았다. 아무리 안면이 있는 사이라지만 권유에 이끌린 자리가 처음엔 어색한 것이 사실이었다.

"형님과는 처음 술자리이지라잉. 그란유?"

아닌게아니라 처음 그와 마셔보는 술이었다. 언젠가 한 번 모셔볼까 했다는 언사는 차라리 황송했다. 함께 마시는 동안 그는 말하고 나는 듣는 편이었다. 그의 말솜씨가 좋다는 것도, 말끝마다 '그란유?'를 붙이는 것도 처음 알았다. '그렇지 않소?'라는 뜻이었다.

술이 별로 취하지 않았다. 간혹 첫 술자리를 가진 사람에게 느낄 수 있는 껄끄러움이 있는 것도 아니었다. 뒷덜미에 스멀거리고 따라다니는 희철이에게 해대는 내 독백 때문이었다.

'바쁘시다? 날 퇴짜를 놓아?'

"어디 계셨어요? 뛰쳐나와 사방을 다 뒤졌는데."

다음 날 희철이의 전화였다. 전화는 왜 그리 빨리 끊었느냐는 푸념이 먼저였다. 손전화가 없었던 시절이었다.

토란잎으로

모처럼 바람 좀 쐬자며 뭉친 선후배들이 적성강 원다리 아래에 모였다. 주조장에서 막걸리 한 말 불러 버스에 싣고 온 것까지는 좋았는데 안주도, 마실 잔 하나 없는 채였다. 사람 수 열두엇이 모래사장에 원을 그린 듯 빙 둘러앉아서 가운데 놓인 한 말들이 막걸리 통만 멍하니 바라보고 있었다.

"세상에, 안주는 없다쳐도 마실 잔 하나 없다니."

푸념을 해 놓고 사방을 둘러보아도 술잔으로 쓸 만한 것은 찾을 수가 없었다. 그렇다고 잔을 빌리러 동네까지 가기는 거리가 너무 멀고, 설령 그러자 해도 잘 익은 술 한 말 앞에 두고 잔 오기까지 기다려야 할 시간이 너무 아까운 터였다.

문득 강변 언덕바지에 토란잎들이 내 눈에 띄었다.

"야들아. 저 토란잎이면 어쩌냐?"

다들 좋다고 야단들이었다. 궁하면 통한다더니, 녀석들이 술 마실 방법을 눈치챘음이 분명했던 것이다.

"저 잎사귀 몇 장 따오너라. 주인이 보면 야단낭께 조심해서. 잉?"

두 녀석이 가서 토란잎 몇 장을 따 가지고 왔다. 두 사람이 좌우에 서서 손바닥으로 토란잎을 받쳐주면 마실 사람은 잎 끝을 두 손으로 오므려 입에 대고 마시자는 제안이 선택되었다. 고여 마시는 것이 아니라 입으로 흐르도록 붓자는 것이었다.

"술잔치고는 신선놀음이네. 한 번 해보자."

희한한 술 마시기가 시작되었다. 힘 센 녀석이 무거운 막걸리 통을 들어 토란 잎 위에 술을 부었다. 처음 순서였던 내가 익숙지 않아 사레가 들렸고 술이 통 주둥이에서 쿨럭하고 쏟아지는 바람에 앞가슴 옷이 젖었다.

"아이고, 이 잡놈아. 잘 좀 부어라."

선후배 순서대로 시시덕대며 마시는 동안 그 방법이 점점 세련되고 실수가 줄어들기 시작했다. 모래사장에서 노래 부르며 뛰며 놀다가 목이 마르면 두서너 명이 동원되어 술잔(?)을 기울였다. 그렇게 막걸리 한 말이 동이나는 동안 적성강 건너 채계산 능선 위로 구름이 쉬어가곤 했다.

조선 세종조 문안공 이사철李思哲이 젊었을 때였다. 친구들과 함께 술병 하나씩을 차고 삼각산에 놀러 갔는데 잔이 없었다. 그렇다고 점잖은 유림 체면에 병나발을 불 수 없는 노릇이었다. 마침 함께 간 권기權岐가 말가죽으로 만든 새신을 신고 있었다. 산놀이 간 사람들 모두 그 신에 술을 부어 마시며 가죽신 순배巡杯를 고사故事로 비롯하자며 즐거워했다. 훗날 정승이 된 문안공이 금잔으로 술을 마시다가 친구인 권기에게 그 옛날 산놀이 때 마신 가죽신 술맛이 더 좋았다며 탄식을 했다 한다.

토란잎으로 잔을 대신했던 내 젊은 한때의 모꼬지를 어찌 문안공의 예에만 비길 것인가. 고무신짝이나 재떨이로 술잔을 대신했다던 오늘날 주객들의 장난어린 객기에도 술맛은 달았을 것이다. 그러나 이미 술맛은 묻힌 것이요, 술자리는 기억의 것이다. 어쩌면 문안공의 탄식처럼 청춘은 가버렸거니, 무심하게 흐른 세월이 못내 아쉬울 뿐이다.

비가 연꽃을 씻으니

연일 장맛비였다. 오후 근무가 없는 날 숙소에 들어가 있는데 전화벨이 울린다. 동네 가게 주인 종일이다.

"한 잔 합시다."

"대낮부터 무슨?"

말이야 그렇지만 속으론 반갑기 그지없다. 이 축축한 날에 한 잔 하자는데 사양할 리 없지. 읽던 책 덮어두고 뜸들일 것 없이 나서려는데 우산이 없다. 에라, 그대로 비 맞지 뭘. 별로 멀지 않은 종일이네 집으로 뛰지도 않고 건너갔다.

동네 사랑방이나 다름없는 두 칸 장방에 사람들이 모여 앉아 있다. 비 때문에 일손들을 놓은 종일이 친구들이 부부간에 모여앉아 막 술잔치를 벌이기 시작하고 있었다. 대낮일망정

비 오는 날이면 빈대떡에 술 한 잔 생각나기 마련이라 누군가가 입맛을 다시며 모이자한 것이 분명했다.

상도 없이 둘러앉아 술잔은 방바닥에 놓은 채 앉아 있던 사람들이 나를 반겨준다. 쇠죽솥 뚜껑만큼 큰 전기프라이팬에 돼지고기가 구워지고 쌈 싸먹을 배춧잎은 한 소쿠리다. 인정 많은 이 동네에 자리잡은 지 벌써 수 년, 이따금 벌어지는 이런 술자리에 나도 익숙해진 지 오래다.

술잔이 돌만큼 돌아 모두 다 얼큰해지자 오디오에 음악이 흐르기 시작했다. 난장에서 엿장수 악사들이 부르는 듯한 빠른 음악을 틀어놓고 남녀가 함께 흔들어대는 시간이다. 무도의 원칙이 깨지는 순수한 몸짓으로 사람들은 부끄럼 없이 뛰며 잘도 논다.

저녁준비를 하려는지 하나 둘 아낙들이 자리를 뜨자 놀이판 열기도 식었다. 나 역시 자리를 떠나 밖으로 나오는데 비는 여전히 그치지 않고 있었다.

“형님. 우산 갖고 가시우.”

종일이가 술에 취해 뱅뱅 도는 눈으로 하는 말이었다.

“필요 없어. 올 때도 맞은 비.”

갈 때도 맞으면 어떠랴 싶어 그대로 빗발 가운데 서니 갑자기 생각나는 게 있다. 온몸을 비에 듣긴 채 동네 앞에 있는 연방죽 둑으로 걸어간다. 방죽에는 얼마 전부터 연꽃들이 피기 시작했다. 비가 오는데 배수성背水性 지닌 검푸른 잎과 연분홍 꽃들이 물 가운데 서서 한가하다.

옛 중국의 환관이었던 황엄黃儼의 명 연구聯句를 나는 외우고 있었다.

비가 연꽃을 씻으니
삼천궁녀가 함께 목욕하는 것 같고,
바람이 댓잎에 부니
십만장부가 한꺼번에 떠드는 것 같구나….
雨洗荷花 三千宮女皆沐浴
風吹竹葉 十萬丈夫共喧譁

댓잎스치는 바람 소리야 오죽하랴만 저 연꽃잎 씻는 빗방울의 쇄락灑落한 풍치가 차라리 한 폭의 그림이다.

'참 멋진 말이다.'

혼자 중얼거린다. 비가 연잎에 떨어지는 소리가 들린다. 비가 연꽃을 씻는 소리가 들린다. 삼천궁녀가 목욕하고 있는 소리다. 그 소리에 알딸딸한 내 취기도 씻겨나간다.

기오 형

일요일 이른 아침이었다. 대전집, 드르륵 문을 열고 들어서는 내 모습을 보자마자 막걸리 잔을 앞에 놓고 앉아 있던 기오 형의 입이 벌어졌다. 뜻밖에 너 잘 만났다는 듯, 웃음 웃는 기오 형 입 속의 금니가 번쩍 빛나고 있었다.

"우리 딱 한 잔씩만 하자 잉?"

기오 형이 주전자를 들었다. 판은 달랐어도 간밤에 취하게 마신 것은 그 형이나 나나 똑 같았던 모양이었다. 얼큰한 해장국 한 술 뜨러 갔으면서도 별 사양 없이 기오 형이 내미는 술잔을 받았다.

"해장술 한 잔이면 하루 내내 취한답디다."

"시끄러."

제법 염려인 듯 하는 내 말을 기오 형이 잘랐다. 간밤에 마신 술이 마중을 나왔는지 평소보다 빨리 취기가 돌았고 한 되들이 주전자가 금방 비어버렸다.

"한 되만 더 마시자."

기오 형이 빈 주전자를 들고 다짐하듯 하는 말이었다.

"아나, 한 되."

우리들 습성을 너무나 잘 알고 있는 옥성 누님이 주전자를 받아들더니 부정적으로 던진 말이었다. 이 웬수들, 오랜만에 만나더니 드디어 시작했구나 하는 투였다. 또 한 주전자가 금방 가벼워지자 이제는 내가 주전자를 들고 다짐하듯 말했다.

"진짜, 진짜로 한 되만 더 마십시다."

그러나 이제 누구라 할 것 없이 불러댄 주전자 수가 불어나기 시작했다. 한 주전자에서 두 주전자, 두 주전자에서 다섯 주전자, 드디어 몇 주전자가 되었는지 옥성 누님조차 잊어버리고 있었다. 그렇게 둘이서 마셔댄 술이 말斗을 넘는 동안 해는 중천에 올라와 있었다. 새벽 해장국 속풀이 한 잔이 반나절 말술이 된 것이다.

기오 형에게는 금주의 기간이 길다. 한 마디로 시시하게 술을 마시지 않는다. 한 달이나 두 달을 끄떡없이 지내기도 한다. 그러다가 만약 한 잔 술 입에 댄 순간이면 그때부터는 사정이 달라진다. 곡기穀氣는 절대 입에 대지 않은 채 청탁淸濁

을 가리지 않고 술로 주식主食을 삼아 마시기 시작한다. 하루 이틀도 아니고 잘하면 일 주일, 더 잘하면 열흘이나 보름 동안을 이겨낼 장사 없는 주도협객(?)이 되어 사방을 휩쓸어버리는 것이다.

"어쩌까잉."

그 시작을 염려한 옥성 누님의 탄식이었다.

조선시대 하동부원군 정여창도 평생을 술로 밥을 대신한 사람이다. 술은 '곡식으로 지은 것이니 마땅히 사람에게 유익한 것이다.以穀成之 宜有益於人' 라고 했다 하나 나 같은 약골에게는 가당키나 하겠는가. 다만 앞으로 한 동안 주가酒街를 흔들어놓을 기오 형의 저 근력과는 어떤 차이가 있을까, 누군가 보기로는 '저 원수들' 의 일원이 되어서도 궁금해지는 것이었다.

남이

복卜 시인에게 함께 가자는 기수의 청을 뿌리치고 택시를 탔다. 취기가 크지는 않았지만 시인의 집에 가면 분명 더 깊은 술자리가 생길 것을 염려한 탓이었다.

기차를 타기 위해 역전에서 내렸다. 역 부근은 한산했다. 사방은 어두웠지만 역사의 불빛은 광장 포도 위까지 길게 뻗어있었다.

전화벨이 울렸다. 누군가의 목소리, 처음엔 알 수 없었다.

"누구…?"

"이젠 목소리도 잊어버렸소?"

주변의 소음 때문이었는지 약간 높은 톤, 남南이였다. 그라는 것을 확인하는 순간 마음 한구석이 와르르 무너져 내렸다.

한숨과 함께 울컥 치밀어 오르는 것이 있었다. 역전 광장, 그 자리에 나는 주저앉았다. 한참을 그렇게 주저앉아 어두운 밤 하늘을 바라보고 있었다.

택시를 불렀다. 운전기사의 얼굴을 보니 조금 전에 내가 타고 왔던 그 차였다. 시외로 장거리 운행을 하자하고 뒷자리에 앉았다. 간발의 차로 기차를 타지 않고 택시를 타게 된 이유를 들은 운전기사가 말했다.

"정말 보고 싶은 사람이었나 봅니다."

보고 싶은 얼굴… 혼자 중얼거리며 어두운 차창 밖을 바라보았다. 북쪽으로 가야했던 몸이 서쪽으로 가고 있었다. 만감이 교차하고 있었다.

그 옛날, 기다렸던 자리에 그들은 오지 않았다. 오지 않아도 괜찮다고 생각했지만 한편으로 가장 간절하게 기다리는 마음이기도 했다. 그 섭섭했던 마음이 조용한 분노로 바뀌기 시작했다. 빈 자리, 빈 걸음으로 혼자 걷기로 했다. 어느 날 내 자신에게 '홀로서기'를 선언한 걸음이었다.

비로소 혼탁했던 마음을 정화할 수 있었다. 계절은 수시로 바뀌고 그 순환은 계속되었다. 내면에서 들려오는 소리는 애써 외면하기도 했다. 그러나 '이젠 목소리도 잊어버렸소?'라는 그 목소리를 듣는 순간 그 동안 애써 쌓아 두었던 것이 한꺼번에 무너지는 것을 알았다. 그것은 그리움을 깊숙이 감추어 둔 오기였다. 모두였다지만, 간절하게 기다린 사람은 남이, 그이기도 했다는 증거였다.

불빛이 흔들렸다. 그들이 함께 있다는 자리, 태호형, 길석이, 재수, 환이가 앉아 있었다. 가슴 안에서 결코 남인 양 할 수 없었던 사람들, 그 사람들이었다. 고향을 떠난 사람이 품을 수 있는 애증의 편린들이 한꺼번에 밀려오고 있었다. 그러나 이유 있어 길었던 이 별리는 아무것도 아니었음을 나는 깨닫고 있었다.

남이를 껴안았다. 생전 처음 그의 얼굴에 내 얼굴을 비비대며 지난 날을 후회했다. 후회의 눈물이 흘렀다. 생각하면 너무 그리운 사람이었다. 그 그리움을 숨기며 해를 넘긴 것이 벌써 7년, 무정한 세월이었다.

그러나 눈감으면

"산으로 보내뿌렀다."

눈에 물기 머금은 노老선배의 말이었다. 나 모르는 사이 그가 떠났다는 것을 처음엔 믿을 수 없었다. 평소 세상을 바라보는 눈이 냉소적이었다고 생각해본 적도 없었다. 오히려 명석하고 민첩한 풍모에 눈빛이 늘 살아있는 사람이었다. 그러한 그가 아무도 모르게 자기만의 의식을 꼼꼼히 정돈해 오다니. 나는 물론 남아있는 사람들 모두에게 충격이었다.

자기의 몫으로 자기가 걸어간 길이었지만 사람들은 울분 섞어 술잔을 들었다. 그와 사이 도타웠던 사람들 중 몇몇은 애도 이전에 욕설을 입에 담기도 했다. 모든 것을 남겨놓고 스스로 떠나버렸다는 것을 배신으로 단정지은 탓이었다. 우울한 계절, 그러나 아랑곳없이 푸르기만 한 초여름이었다.

작은 누님의 집에서 뜻밖에 만난 그였다. 늘 그렇듯 친아우처럼 대해주는 그와의 만남이 반가웠던 것은 그날도 예외는 아니었다. 대낮부터 취했던지 그의 얼굴은 홍조를 띠고 있었다.

"너 풍금風琴 좀 쳐라. 우리 노래 부르자."

작은방에 놓여있는 오르간을 가리키며 그가 말했다. 언젠가 내가 건반 누르는 모습을 본 적이 있다 했다. 어쩐지 거절할 수 없는 간곡하면서도 완강한 말투였다.

"그 있잖아! 옛 얘기도 잊었다 하자…는 그 노래!"

곡명을 알아차린 내가 서툰 손놀림으로 건반을 눌렀고 거기에 맞춰 그가 노래를 부르기 시작했다. 두 주먹을 불끈 쥐고 눈은 감은 채였다.

"그, 러, 허, 나!"

스타카토로 힘주어 노래부르다 말고 그가 내 이름을 불렀다. 혼잣말 같은, 뜻밖에도 조용한 말투였다.

"너는 왜 안 부르냐? 너는 왜 안 불러?"

결국 그와 함께 노래를 부르게 되었다. 아마도 수십 번, 그 노래만 반복해 불렀다. 무슨 이유인지 그에게 동화되어가는 기분이었던 그때가 얼마 전이었다. '그러나 눈감으면' 이란 가사의 절규가 뒤늦게 의미를 지닌 듯, 머릿속에서 떠나지 않았다.

대동산 아래 주막에서 소주잔을 들었다. 함께 간 정석 형도 정식이도 말이 없었다. 한낮, 그가 독을 마신 것이 근방 짙푸른 밤나무 녹음 아래였다고 한다. 쓰러진 육신을 떠난 영혼은 어디에서 방황했을까 궁금했다. 그러기 전 그의 몸부림을 말없이 굽어보았을 산은 왜 이렇게 무연하기만 한지 정말 모를 일이었다.

장지의 조화는 시들고 타다만 향 조각들은 습기에 젖어 있었다. 며칠 전 성토盛土 뒤 누군가 뿌렸을 빈 소주병 하나 무덤가에 거꾸로 박혀 있었다.

뺀니 성

이른 아침이었다. 막 해장국집에 들어가 앉아 있을 때였다. 휴대전화가 울렸다. 발신자이름을 보니 광주의 뺀니 성이었다. 첫마디를 꺼내기도 전 다짜고짜 묻는 말이 '지금 어디 앉아 있느냐?' 였다.

"해장국집."

"내 것까지 시켜라. 지금 갈랑게."

조금은 황당했다. 그러나 이미 전화는 끊긴 뒤였다. 우직스런 그는 지금 직성대로 움직일 것이다. 아닌게아니라 길 닫는 중이라며 몇 번 전화가 왔다. 받을 때마다 자기 말만 하고 끊었다. 그 때마다 '해장국 시켰지? 나 지금 어디 지났다잉.' 식이었다.

곁에 있던 최영 형과 여강, 조동희 씨가 놀라는 표정이었다. 세상에, 광주에서 순창까지 해장국 한 그릇 뜨기 위해 달려오다니. 그러나 그에게는 해장국이 중요한 것이 아님을 나는 알고 있었다. 내가 여기 있다는 이유 하나로 그는 달려오고 있는 것이다.

생각보다 빠른 시간에 그가 모습을 나타냈다. 고속도로에서 과속감지 카메라에 찍히건 말건 내달렸다고 했다. 그래도 얼굴은 희색이 가득해 있었다.

"나 고향 온 줄은 어떻게 아셨수?"

"남南이가 서울 가는 길이라며 전화했드라. 엊저녁 세미나 있어 너 와 있다고."

수평선 한 줄 위에 나란히 서 있는 사람과 사람끼리의 사랑을 애써 외면해 왔던 나였다. 이른 아침인데도 남이는 굳이 광주의 뺀니 성에게까지 알리고 서울을 간 모양이었다. 울컥치미는 것을 감추고 그의 차림을 살핀 내가 물었다.

"왜 맨발이야?"

"양말 신을 시간이 어디 있냐?"

툭 털 듯 한 마디 하더니 시켜놓은 해장국은 쳐다보지도 않고 술잔부터 들었다.

"너 만났으니 한 잔 해야지."

'산' 자는 빼고 '곡아, 곡아' 이름을 불러대며 잔을 드는 것이 아마도 작정을 한 것 같았다.

꽤 오랜만에 만난 듯한 영이 형과 뻰니 성과의 회고도 이어졌다. 금석今昔의 기간이 깊었어도 서로 지닌 정리에 대한 빛은 변하지 않았던 모양이었다. 다섯 사람 똑같이 술잔을 부딪쳤다.

"술 도라!"

꿀꺽 마신 뒤 잔을 내밀며 뻰니 성이 하는 소리였다. 작은 눈에 나를 가득 주어 담아놓고 있었다.

배삼용 씨

떠난 지 10여 년 만에 모처로 발령이 나서 다시 왔다는 그를 옥성 누님은 알고 있었지만 나와 기오 형은 모르는 사람이었다. 당시에 한참 주가를 올리고 있는 코미디언과 이름이 같으며 또한 어지간히 술을 좋아하는 사람이라 했다. 주객은 주객끼리 통한다던가, 그 사람도 기오 형을 한 번 만났으면 한다는 것이었다.

여름 대낮, 낮술에 취해 오를 대로 오른 객기가 근무 중인 그를 불러내자고 결론이 났다. 전화가 흔치 않았던 시절이라 그를 부르려면 대전집 바로 앞에 있는 병원으로 건너가야만 했다. 그것도 순순히 불러서는 안 된다는 대단한 모의를 거친 뒤여서 기오 형의 뒤를 따라나서는 나도 신이 나 있었다.

기오 형이 병원에서 그 사람이 근무한다는 모처로 전화를 했다.

"거기 배삼용이 있지? 빨리 바꿔!"

연결이 되자마자 기오 형이 위압적으로 내뱉은 말투였다. 전화기 성능이 좋았는지 저쪽에서 여자의 당황하는 음성이 옆에 선 내게도 분명하게 들려왔다. 회의 중이라는 말에 나랏일 운운하며 무소불위 기관원처럼 엄포를 놓는 기오 형의 말투가 참으로 가관이었다. 저쪽에서 소동이 난 듯싶더니 잠시 후 배삼용 씨가 숨이 찬 목소리로 전화를 받는 모양이었다. 조사할 게 있으니 당장 이리로 오라는 기오 형의 목소리가 한층 높아졌다. 남의 이목이 있으니 혼자만, 빨리 오라는 반말은 엄포에 가까워져 있었다.

사태는 이미 벌어진 듯했다. 저쪽의 배삼용 씨는 분명 혼비백산, 이리로 달려올 것이고 겁을 준 기오 형은 재미있다는 듯 기다리면 되는 것이었다. 차 한 잔 얻어 마시고 잠시 후 병원 문을 열고 나왔을 때였다. 키가 작은 어떤 사람이 대전집 앞에서 자전거를 세워놓고 두리번거리고 있었다.

훌렁 벗어진 머리에 땀방울이 솟았는지 연신 손수건으로 찍어내는 것이 아마도 배삼용 씨 같아보였다. 참으로 급히 달려왔는지 10분도 채 안 걸린 시간이었다. 흰 바지에 흰 구두를 신은 기오 형이 정말 기관원이나 되는 것처럼 거만하게 말을 걸었다.

"당신이 배삼용이여?"

"아, 예, 예."

"따라와!"

여전히 위압적으로 말한 기오 형이 대전집 문에 걸친 발을 제꼈다. 배삼용 씨가 잔뜩 주눅이 들어 그 뒤를 따라 들어갔고 악 문 이에 웃음을 감추고 그 뒤를 내가 이었다. 옥성 누님이 주방 쪽에 서서 웃음 기 하나 없이 우리를 맞고 있었다. 한 술 더 떠 '아이고, 장학사님 오신게라우?' 배삼용 씨에게 인사까지 덧붙이는데 '너 큰일 났다.' 는 식의 연기가 천하일품이었다.

방으로 들어가니 술상이 새로 차려져 있었다. 이 일을 함께 모의한 옥성 누님이 어느새 자리를 정돈해 둔 것이었다. 털썩 기오 형이 먼저 자리에 앉았고 배삼용 씨는 안절부절 어찌할 바를 모르고 그 자리에 서 있었다.

"앉으쇼!"

"아, 예, 예."

"앉으시랑게?"

"아, 예, 예."

"아까부터 아, 예, 예밖에 몰라. 앉으란 말이요!"

사뭇 명령조였다. 배삼용 씨가 엉거주춤 자리에 앉았다.

"자, 한 잔 받아!"

기오 형이 빈 맥주잔을 쑥 내밀자 엉덩이는 들고 무릎은 꿇는 자세로 배삼용 씨가 술잔을 받았다. 나이 많아 보이는 배삼용 씨는 쩔쩔 매고 있는데 붉은 얼굴에 눈빛이 노란 기오 형은 책상다리를 하고 앉은 채였다. 어쩌나보자 하고 내려다보고 서 있는 나를 본 기오 형이 사극영화 대사처럼 고함을 질렀다.

"너는 앉지 않고 서서 뭐하고 있느냐?"

"아, 예, 예."

금방 배삼용 씨에게 배운 듯, 장난인 듯, 내게서 나온 말도 아, 예, 예였다. 배삼용 씨가 고개를 갸웃거렸다. 아직도 긴장한 자세였지만 영문 모를 지금 상황을 정리하는 것 같았다.

"그런데 누구…신지?"

배삼용 씨가 술잔을 든 채 조심스럽게 물었다.

"나?"

"아, 예."

"나, 임기오란 사람이여. 왜!"

왜라는 말투는 내가 임기오인데 어쩔테냐라는 뜻이기도 했다. 기오 형이 술을 따르면서 그렇게 내뱉는 말이 처음 배삼용 씨에게 쉽게 전달되지 않은가 보았다. 조금 더 갈 것이지 이렇게 선뜻 이름을 말해버리다니. 나는 서운한데 옥성 누님이 허리를 잡고 웃기 시작했고 기오 형도 껄껄 웃어대기 시작했다. 그제야 사태를 짐작한 배삼용 씨가 들었던 엉덩이를 털썩 방바닥에 붙이고 주저앉았다. 웃음인지 신음인지 내뱉은 말이 더 걸작이었다.

"지이 – 미, 시벌."

속았다는, 그 말로만 듣던 천하의 한량 임기오란 사람과의 첫 대면이 이럴 줄(?) 알았다는 표정이었다. 티끌만큼도 언짢은 기색 없이 오히려 '너 참 재미있는 놈이다잉. 우리 형 동생 하자.' 며 즉석에서 제안을 하는 배삼용 씨의 입이 양 귓가에 닿아 있었다. 어느 십년지기가 그랬을까. 말로만 들었던 주객의 장난을 호기로 받아들인 넉넉한 모습이었다.

넷이 앉아 오가는 술잔이 시간이 갈수록 빨라지기 시작했다.

소리 시간 반

대형 태풍에 거리의 간판이 떨어지고 전선이 끊겼으며 나무가 뿌리째 뽑히기도 했다. 찢긴 가지, 나뭇잎사귀들과 쓰레기들이 바람에 몰려 거리가 온통 어수선해졌지만 태풍은 다행히 멀리 지나간 뒤였다.

서울집에 들어서니 군데군데 켜 있는 촛불 사이에 사람들이 앉아 있었다. 전선이 복구되지 않은 탓이었지만 촛불을 조명삼으니 술 마시기는 오히려 좋은 분위기였다. 거의가 주변의 동네 사람들이라 반가운 인사가 오갔다. 시간이 흘러 술자리의 구분이 점점 없어지자 형수 형이 소리를 할 줄 아는 그에게 '한가락 해라.' 는 요구가 채근에 가까워지기 시작했다.

"할 바에는 시간 반을 해야지, 깔쭉! 한 마디는 안 할라요."

"그럼 시간 반을 하면 될 거 아니요?"

펄쩍 뛰는 그에게 사람 좋은 얼굴을 한 구둣방 아저씨가 말을 받았다.

"시간 반을 누가 듣고 있는답디까?"

"못 들을 사람 어디 있당가. 한 번 혀 주소."

이번에는 소리 박을 조금 아는 세탁소 아저씨의 말이었다. 처음엔 핑계삼아 한 말이었지만 정말 꼼짝없이 시간 반을 소리해야할 판이 되었다. 한참을 뻗대다가 '참, 나.' 라는 푸념을 앞에 놓고 그가 소리를 시작했다.

숨이 차거나 목이 컬컬해지면 아니리 대목으로 '아, 이 잣(잡)것이 목이 타든가, 꼭 이렇게 술을 마시는 것이었던 것이었다.' 고 한 마디 하고 술 사발을 들이키기도 했다. 그럴 때면 덩달아 사람들도 술을 들이켰고 옆 사람은 얼른 그의 빈 사발에 술을 채워놓기를 반복했다. 느려 애절한 대목이 나오는 소리를 듣던 목공소집 아저씨는 눈물을 훔치다가 코를 풀기도 했다.

아닌게아니라 소리에, 추임새에 긴 시간이 흘렀던가 싶었다. 가끔 들어오는 손님도 있어 이 이상한 공연(?)을 얼른 알아채고 몸을 사려 분위기에 편승하기도 했다. 그가 짓이 나서 목을 쓰는 동안 촛불들도 제 몸 태우기를 계속하고 있었다.

소리가 끝나고 박수소리와 함께 술이 돌았다. 아까부터 스르르 주저앉아 머리를 기둥에 기대고 두 다리는 쭉 뻗은 채 소리를 듣고 있던 주모가 아직도 주방바닥에서 일어나지 않고 있었다.

"아, 술 줘?"

형수 형이 빈 주전자를 들고 소리를 질렀다. 주모가 크크크크 웃어대며 손을 내저었다. 모두가 잠시 '왜 저래?' 라는 표정으로 그를 바라보고 있었다.

"나 못 일어나겄네."

"왜 못 일어나? 오줌 쌌는가?"

형수 형이 무심코 받은 말이었는데 여전히 웃어대던 주모가 뜻밖에 고개를 끄덕였다.

"그려. 나도 모르게 싸부렀단 말이시."

형수 형이 미리 정답을 알아맞힌 셈이었다. 박수를 치며 모두가 웃어대자 술청의 촛불들이 덩달아 춤을 추기 시작했다.

차버린 술상

세조의 강권에 신숙주가 술에 취했다. 세조가 장난을 걸어 신숙주의 팔을 비틀었다. 신숙주가 술이 지나쳤던지 세조의 팔목을 함께 비틀었다. 이를 바라본 세자의 낯빛이 변했다. 어디 비할 곳 없는 무엄함이었다. 세조가 눈빛으로 '나는 그럴 수 있지만 너는 그래서는 안 된다.' 며 세자를 달랬다.

잔치가 파하고 숙주가 술에 취해 가마에 실려 퇴궐했다. 세조가 사람을 보내 그의 거취를 알아오게 했다. 이른 새벽 내관이 다녀와 신숙주가 아직도 술에 깨어나지 않았다고 하자 세조가 빙그레 웃었다.

성대집, 퇴근길 어우러진 술자리였다. 술잔이 서너 순배 오갈 무렵 대화가 족보가계로 흘러갔다. 저마다의 내력이 있다는 집안의 자부심이 두 사람의 대화에서 드러나기 시작했다. 어른과 그 자리에서 제일 나이 어린 젊은이였다. 평소와는 달리 대화가 꼬이기 시작했다. 어른의 가벼운 핀잔에 젊은이가 지지 않았던 것이다. 처음엔 농담이었던 분위기가 차츰 경색되자 주변 사람들이 다른 쪽으로 대화를 유도했지만 허사였다. 급기야 서로를 빈정거리고 폄하하는 상황으로 이어지고 만 것이다.

성질이 급하기로 유명했던 어른이 벌떡 일어서더니 술상을 걷어차 버렸다. 안주가 사방으로 튀고 술잔이 엎질러졌다. 졸지에 일어난 일이라 처음엔 모두가 어안이 벙벙한 채 앉아 있었다. 어른이 바람처럼 방을 나갔고 돌변한 상황에 젊은이가 참지 않았다. 술상을 차버린 것에 대한 순간적인 분노였다.

"어이!"

어른의 뒷모습에 대고 이름까지 그대로 불러버린 것이다.

당시 세조와 신숙주의 장난을 옆에서 지켜본 한명회가 숙주의 집에 하인을 보냈다. 절대로 새벽에 불 켜고 일어나 있지 말라며 가솔들에게 당부하였던 것이다. 숙주는 그의 말대로 작취미성昨醉未醒인 척했다. 원래 술을 잘 못했던 신숙주가 전날의 일은 기억하지 못했어도 새벽에는 깨어났던 것이다. 그가 바늘귀만큼의 이성을 지닌 채 임금의 팔을 비틀었다면 훗날 화를 면치 못했을 수도 있다. 함께 팔을 비틀어도 좋다고 장난을 친 세조였지만 신숙주가 평소처럼 일찍 일어나 불을 켜고 책을 읽고 있었다면 불경으로 다스릴 이유를 찾았을지도 모른다. 더구나 곁에서 이를 지켜본 세자가 꽁했다면 훗날 왕(예종)이 되었을 때 그 감정을 드러낼 수도 있었을 것이다.

술에 의해 드러난 천성은 관용과 엄격함의 사이에 있다. 그 천성은 저마다의 몫이지만 흔히 이성을 잃으면 주정이 된다. 간혹 도량 넓게 웃어넘기기도 하지만 함께 주정을 하기가 쉽다. 임금의 팔을 비틀 정도로 이성을 잃게 하는 것도 술이요, 그 잃은 이성을 이해하게 하는 것도 술이다. 그래서 사죄도 쉽고 용서도 쉬운 것이 술주정이다.

다음날 젊은이가 고두백배 사죄를 했지만 어른이 오히려 더 미안해했다. 위계의 톱니가 잠깐 어긋났지만 질서는 제자리를 찾았고 가계에 대한 서로의 자부심도 상처입지 않았다. 술을 핑계로 한 화해였다. 그러나 그 화해는 씁쓸한 기억을 남겼다. 그때의 젊은이는 지금도 어른의 이름을 부른 것이 마음에 걸리기 때문이다.

샴페인

“잠깐 다녀올 거야. 배웅 안 해 줄래?”

그의 말이었다. 대꾸를 하지 않았다. 잠깐 다녀온다는 말보다는 배웅해달라는 말이 뜻밖이었다. 몸을 돌려 앞서 걷는 바람에 쌀쌀하게 거절할 기회는 생기지 않았다.

요 며칠 부쩍 심술을 부리는 정도가 심해진 그였다. 거기에 대응해 애써 냉담했던 나로서는 갈등이 이는 그의 요구였다. 함께 걷던 그의 친구가 걸음을 멈추고 나를 잡아끌었다.

“그래. 나랑 함께 배웅해 주고 오자.”

할 수 없이 그들의 뒤를 따라 걸었다. 배웅해 달라는 말은 거짓이었던 것처럼 그는 친구와 나란히 걸으며 대화에 빠져 있었다. 그의 단정한 걸음이 물결치는 머릿결과 묘하게 조화를 이루고 있었다. 차라리 멀어져가는 뒷모습이나 보는 게 낫지. 발걸음을 멈추어 섰다. 절반은 오기였다.

"왜 그래?"

마치 내 생각을 읽은 것처럼 멈추어 뒤로 돌아서며 그가 물었다. 머릿결을 귀 뒤로 쓸어 넘기는 그의 손, 아름다운 저 손이 언젠가 내 얼굴을 어루만졌지.

하숙집도 아니면서 '승진하숙'이란 간판이 붙어있는 작은 구멍가게로 들어간다. 그가 타고 갈 버스가 올 시간이 아직 남아 있기 때문이었다. 비닐장판을 덮은 탁자를 가운데 두고 낡은 나무의자에 셋이 앉았다. 내 앞에 앉은 그가 말없이 나를 바라보고 있었다. 여기까지 배웅해 달라던 그의 눈빛. 아아, 오지 않으려는 것이구나. 이제 돌아오지 않겠구나. 비로소 그가 가는 길이 어떤 것인지를 나는 깨닫고 있었다. 그의 친구가 샴페인을 주문했다.

"수영이 생일이야. 몰랐지?"

뜻밖이었다. 그랬던가? 그의 생일이 이 뜨거운 7월이었던가? 그런 것도 같았다. 사실을 증명하듯 그는 아무 말도 하지 않았다. 굳이 돌아오지 않을 길을 떠나면서 생일이 무슨 의미인가. 아무 말도 나는 하지 않았다. 사실은 할 말이 생각나지 않았기 때문이었다.

"축하주로 한 잔하자."

셋이서 잔을 부딪쳤다. 첫 잔은 생일축하주였다. 두 번째 잔을 마시며 속으로 나는 이별을 뇌까리고 있었다. 샴페인 맛처럼 차라리 달콤한 이별을 하자. 갈 테면 가라지. 취기처럼 은근하게 올라오는 오기였다. 그를 태운 버스가 사라져 보이지 않을 때까지 그 오기는 내게 머물러 있었다.

샤워꼭지 아래 서 있었다. 그대로 물줄기를 맞으며 이 엉뚱한, 그리고 가당치 않은 감정의 줄다리기를 끝내야 한다는 생각을 했다. 눈물이 물줄기와 함께 흘러 내렸다. 슬픈 오기도 취기도 물에 씻기고 있었다. 다시는 마시지 않는 샴페인의 기억, 스물네 살의 여름이었다.

휘어진 우산

초저녁에 내리던 비가 그쳤다. 휴가를 나왔던 남이와 이른 시간부터 마신 술이었다. 함께 마신 사람 중에 뻰니 성은 어디로 가고 순홍 형과 나, 남이만 남아 고샅길을 걷고 있었다.

군인으로서 오랜만에 고향에 온 남이가 주변 상황에 불만이 생긴 모양이었다. 선배들 선도先導의 역량에 민감한 남이가 순홍 형에게 하는 말투가 가시돋쳐 있었다.

함께 걷다가 벌어진 뜻밖의 상황이었다. 그런 소릴랑 차라리 나에게 할 것이지, 저 형님께 이 무슨 외문소리람. 좋다고 술 마신 뒤 이차를 가는 분위기가 갑자기 냉랭해진 것이다.

"남아. 형님께 그게 무슨 소리냐?"

남이가 내말에는 아랑곳없이 순홍 형의 턱밑에서 감정 섞인 말을 계속했다. 고샅 안 가로등 밑이었다. 불빛에 드러난 얼굴을 바라보며 진일보 없이 선 세 사람의 언성이 제각각 높아지고 있었다. '네가 내게 그럴 수 있느냐.'는 것이 순홍 형이었고 '큰형님이니 그런다.'는 것이 남이였다. 돌연히 빚어진 이 사태를 수습할 좋은 묘안은 떠오르지 않았지만 우선 막내인 남이를 말려야한다는 것이 내 생각이었다.

"이놈아! 이 냄비야!"

소리와 함께 접어서 들고 있던 우산으로 남이의 등을 후려친 것이다. 퍽퍽, 건장한 남이의 등에서 나는 소리였지만 그까짓 우산대는 아무것도 아니라는 듯 꿈쩍도 않는 그였다. 마치 날파리 쫓듯 손 한 번 휘젓고 마는데 딱 두 대 후려쳤던 우산이 그만 기역자로 휘어버린 것이다.

"얼래?"

감정이 없었으니 때린 것도 맞는 것도 아니었다지만 조선낫처럼 구부러진 우산을 보니 어이가 없었다. 한 대 더 때리고 싶어도 휘어진 우산 모양이 타격용으로 쓰기에는 너무도 어울리지 않았다. 생각해보면 힘없이 구부러진 우산이었다.

내 행동에 눈길 한 번 주지 않은 채 두 사람은 여전히 대화중이었다. 다만 고조된 감정이 정리된 듯 높았던 언성이 조금 낮아져 있었다. 나 혼자만 어이없어하다가 휘어진 우산을 들어 무릎 위에 놓고 펴기 시작할 때였다.

"산곡아!"

누군가 부르는 소리였다. 골목 어귀 어둠 속에서 불빛 쪽으로 뻰니 성이 걸어오고 있었다. 화장실이라도 들른 뒤였던지 우리를 찾았던 기색이 역력했다.

"하아따, 그렇게 금방 사라지기여?"

우리 모두에게 푸념하듯 하던 그가 가까이 오며 내게 던지는 말이 의문에 차 있었다.

"너는 왜 우산 갖고 몸살이냐?"

제3부 가을

엎어지고 자빠지고

치희稚喜 모친 회갑잔치 파장 무렵. '물러갈 퇴退' 하려는데 신발이 없어졌지 뭐냐. 삥삥 돌아다니며 신발 찾기, 취할 만큼 취한 중에도 부끄러웠는데 거기다 섬돌에 발을 헛디뎌 달푸닥 엎어졌지 뭐냐. 한복 두루마기까지 걸치고 너부러진 꼴 다행이 본 사람은 없었지만 이 나이에 이 무슨 우세란 말이냐.

마루 밑에 얌전히 놓여있는 신발 찾아 신고 나오는데 오른쪽 팔꿈치가 쓰라리고 아프다. 소맷자락 걷어보니 벗겨진 살갗에 배어있는 피.

혼자 털레털레 걷다보니 눈앞이 흐려지기 시작한다. 팔꿈치보다 더 아프게 가슴이 미어진다. 그 이유가 도대체 무엇

때문이냐. 이 밤 그리운 사람들 때문이냐, 아니면 술 때문이란 말이냐.

(1991. 9. 13)

어쩌다 복사해 두었던 그 옛날 친구에게 보낸 엽서내용이다.

비가 오는 날이었다. 자리를 옮기기 위해 택시를 탔다. 술자리를 옮기는 이차 행보가 어쩐지 신명이 났다. 우산이 없어 택시에서 먼저 내린 즉시 식당이 있는 계단을 뛰어올라갔다. 비만 피했으면 될 것을 건물 안까지 이어 뛴 것이 문제였다. 유리문을 열려는 찰라 갑자기 눈앞이 캄캄했다.

잠깐이었지만 정신을 잃은 듯했다. 머리를 흔들며 정신을 차려보니 내가 누워 있었다. 건물로비의 천정이 보였으니 뒤로 미끄러진 것이다. 드나드는 사람의 우산에서 흘렸음직한 물방울들이 타일바닥에 흥건했던 것을 미처 몰랐던 것이다.

반사적으로 팔꿈치를 디딘 모양이었다. 그 팔꿈치, 옛날에 한 번 다친 적 있는 그 자리가 또 피를 흘리고 있었다. 뼈가 으스러진 듯 취중에도 아픈 정도가 이만저만이 아니었다.

약을 바르고 뼈마디를 주물러보고 한동안 수선이었다. 큰 탈 없어 안심하면서도 '아이고 아파라. 앙앙앙….' 우는 소리에 엄살 좀 그만 떨라며 초포草浦 형님이 야단을 쳤다.

옛날에 엎어지더니 오늘은 자빠지고, 술에 취해 넘어진 경망함이 부끄럽기 짝 없는 일이었다. 자칫 사고로 이어져 그 결과가 비극으로 치닫는다면 사람들은 '그놈의 술 때문에' 하며 혀를 찰 것이다. 아무리 작은 일이라 할지라도 술 때문이란 말은 듣지 않아야 하는 것이 이 세상 주객들의 도리이건만.

"술이 취했어도 선비는 발을 꾹꾹 딛고 걸어야지."

식당 '정가네' 주인마님의 핀잔이었다.

화가 이경섭

그의 그림 앞이다. 대각선 구도의 원근감이 아득한 미로를 암시하는 것 같다. 그 미로에 연결되는 문 앞, 층계 네 개의 하얀 빛이 눈에 들어온다. 또 하나의 녹슨 철문이 시선 가까운 곳에 나 있다. 아래 탁자에 앉은 사람의 손에는 술병이 들려있다. 빈 공간, 정적에 머물러 술병을 들 수밖에 없는 자조가 보인다.

암울한 청록빛 화면 가득히 철저한 저항이 깊고 깊게 숨어 있다. 그가 일어선다면 어디로 걸음을 옮길 것인가. 계단 앞 소실점에 가까운 문 쪽인가, 아니면 결코 열릴 것 같지 않은 녹슨 철문 쪽인가. 그러나 술병을 든 그의 모습은 자리에서 일어설 것 같지 않다. 소실점 가까운 저 문은 이미 지나온 길인 것이다.

꽤 오랜만의 만남이었다. 집으로 갈 막차 시간은 다가오는데 도무지 놓아 줄줄 모르는 그였다.

"이 얼마 만의 만남입니까."

간곡함이 배인 언어와 함께 술잔이 왔다. 수시로 그 말이 잔과 함께 묻어 있었다. 결국 집에 가기를 포기했다. 그와 나, 공강남, 이용만 선생 네 사람이었다. 대체로 지나온 날의 여정을 확인하는 대화는 웃음꽃을 피우기도 했다. 때로는 후회와 근심을 앞에 둔 서로의 아픔을 확인하는 분위기로 변하기도 했다.

노래방에서 나와 그의 화실에 함께 들었다. 유화 물감, 기름 냄새가 가득한 그의 작업실은 생각보다 깔끔했다. 많은 그림들 중에 그의 자화상이 우울한 눈빛으로 한곳을 응시하고 있었다. 어두운 명암을 배경으로 한 그림이었다.

상도 없이 화실 바닥에 둘러앉았다. 술잔이 거침없이 오고 갔다. 처음 자리에서부터 그의 화실까지 자리를 옮겨오는 동안 꽤 많은 시간이 흘러갔다. 날을 새울 작정처럼 시간을 잊었지만 문득 눈을 뜨니 창밖이 밝아 있었다. 네 사람 모두 앉은 자리에서 쓰러져 잠깐, 그냥 잠깐 잠을 잔 모양이었다.

조금 먼 곳에 이화백이 쓰러져 있었다. 취중에 붓이라도 잡으려 했을까. 그가 쓰러진 곳은 유화물감을 짠 팔레트 위였다. 몸을 몇 번 뒤척여 굴렀는지 그의 어깨 위에, 흰 러닝셔츠, 화실 바닥에 그림이 그려져 있었다. 마치 판화의 모노타이프를 찍어 놓은 것 같았다.

그때 그의 몸에 그려진 그림은 지워졌겠고 세월은 흘렀다. 그러나 그의 몸에 묻어난 그림을 보며 웬일인지 가슴 콱 막혀오던 기억은 지금도 지울 수 없다. 아픔을 천착해온 화가의 멍에가 그 어깨에 보였기 때문이었다.

평소 술 한 번 입에 대면 아침저녁 상관없이 몇 날을 마셔댄다는 그가 그림 안에서도 취해 있다. 상처와 내공으로 쌓여온 저 견고한 고독. 고독한 화가 이경섭의 그림 앞에 나는 오래토록 서 있었다.

절주節酒

조금 두터운 종이를 삼각으로 길게 접어 작은 패를 만든다. 경사진 종이 앞면에 써 놓은 글자가 '절주節酒'. 퇴근길 통근버스를 제때 타지 못하고 몇 날을 마셔댄 뒤 이래선 안 되겠다 싶어 각오삼아 쓴 글이다.

각오라고는 하나 금주禁酒가 아닌 절주라는 표현을 했으니 행여 지키지도 못할 자기와의 약속을 내세웠다가 주위 사람들로부터 들을 수 있는 핀잔을 교묘하게 피하려는 속셈이기도 했다. 사실 칼로 무 자르듯 금주할 수도 없는 처지이고 또한 금주한다고 선언해 봤자 누가 나를 믿어줄 것인가. 그러나 한동안의 분별없음을 정돈하고자 하는 마음에 제법 정성들여 써 본 글씨였던 것이다.

내가 봐도 술에 젖은 듯, 정교함이 벗어난 글씨체다. 학생 정서에 안 맞는다는 윗분의 말에 속이 상해 내가 쓴 글씨는 패널이건 게시물이건 죄다 지워낸 바 있다. 그러나 나 자신에게는 내 글씨가 어울린다는 오기로 제법 먹물로 티를 내어 보았는데 하물며 나 자신을 추스르는 경구驚句인 바에야.

사장님 이름패名牌처럼 책상 앞에 정돈하듯 놓고 있는데 마침 지나가던 한병옥 선생이 걸음을 멈추어 섰다.

"절주?"

호기심이었던지 패를 들어 앞뒤로 뒤집어 보며 뇌까리더니 이내 그 뜻을 알아차린 모양이었다. '캇캇캇캇' 그가 웃어대기 시작하더니 종이패를 들어 마치 삿대질하듯 내게 들이대며 소리치는 것이었다.

"아나, 절주! 아나, 절주!"

조선조 중종 때 추강秋江 남효온도 술을 좋아했다. 몸을 돌보지 않고 술을 마시다 풍병을 얻은 그에게 어머니가 꾸지람을 했다. 효자였던 그는 지주부止酒賦를 쓴 뒤 한동안 술을 마시지 않았다. 병도 나았지만 세파가 술을 권했던지 10년 뒤 그는 다시 술잔을 잡았다. 술은 세상을 바라보는 눈 때문에 마시는 의미를 지니는지도 모른다. 줄은 끊기 쉬운데 술은 끊기 어려운 것인가. 몸 아닌 마음의 풍 때문에 술잔을 다시 잡았을 추강을 누가 비난할 수 있을까. 언제 다시 술잔을 잡을 수 있다는 여지를 두어 금할 금禁자 아닌, 멈출 지止자를 썼는지도 모를 일이다.

그 금주도 아닌 절주 두 글자 써 놓았다가 핀잔 아닌 핀잔에 슬그머니 치워버린 종이패였다. 그 후로 이십 년이 지났건만 금주는커녕 절주 하나 실천 못하고 있다. 그 때나 지금이나 아내의 잔소리는 여전한데 나는 언제 지주부를 쓰고 술을 끊을 수 있을까.

물 탄 술

지리산 야간 등산객이 60여 명이었다. 머리에 쓴 헤드램프 빛이 긴 곡선으로 이어져 산중의 깊은 밤을 아름답게 수놓고 있었다. 숙영 목적지가 반야봉 아래 암자 묘향대. 속세, 산악회에서 고문으로 모셨던 종설스님께 연락도 없이 밀고 들어간 기획 산행이었다.

깊은 밤이 되었다. 산행에 지친 등산객들이 골방에서부터 마루, 심지어 법당까지 차지하고 모두 다 쓰러져 자는데 몇몇 사람들이 살그머니 나무창고에 모여들었다.

정옥이가 인월주조장에서 사왔다는 술덧酒精 때문이었다. 작은 플라스틱 통에 담아 앞가슴에 차고 온 것을 묘향대 석간수로 희석해서 마시자는 것이었다. 술덧에 지리산 정기가 배인 물을 타면 최고의 술이 아니겠느냐는 그의 주장이 몇몇 술꾼들에게 전달된 모양이었다.

단풍이 막 들기 시작한 초가을이었지만 산중의 깊은 밤은 차가운 겨울 기온이었다. 밤이슬을 피해 나무창고에 들어가 가스 불을 가운데 놓고 둘러앉은 남녀 등산객이 열 명쯤, 평소 술을 마시지 않은 사람도 몇몇 끼어 있었다. 술맛에 대한 기대보다는 분위기에 대한 기대가 우선이었던 모양이었다.

가운데 놓인 커다란 물통에 우윳빛 술이 달아보였다. 정옥이가 즉석에서 물 섞어 빚어놓은 술이었다.

'에게게.'

코펠로 떠 준 것을 보약인 양 받아 마셔보니 이건 물도 아니고 술도 아니었다. 얼마 되지 않는 술덧에 물을 너무 많이 부었던 것이다.

조선조 성종 대왕께서도 어지간히 술을 좋아하셨다. 술이 취하면 임금께서만 사용하는 옥잔에 몸소 술을 따라 돌리는 것을 즐기신 모양이었다. 옥체보존을 염려한 종친이 일부러 옥잔을 떨어뜨려 깨뜨려버렸다. 술잔이 없으면 잔 돌리다 드시는 기회가 줄어들리란 생각에서였다. 대왕이 그 뜻을 가상히 여겨 용서하셨다 한다.

내관이 술에 물을 탔다. 그도 임금의 옥체를 염려하여 은밀히 속임수를 쓴 것인데 이 경우만은 큰 노여움을 샀다.

"저놈 내쫓아라!"

분부가 지엄했다고 한다. 술맛을 맹맹하게 한 놈은 용서할 수 없었던 모양이었다.

술마다 도수와 맛이 있게 마련이고 그 차이는 곧 사람마다 즐기며 마시는 기호가 된다. 순도를 높이거나 떨어뜨리는 첨가물은 그 음미의 기호를 떨어뜨린다. 아무리 좋은 술이라 해도 이름이 다른 합작은 순도 상승이 되지 않는다. 섞인 것이 물이라면 오죽하겠는가. 속담의 '술에 물탄 듯'이라는 말은 이도저도 아니라는 뜻이다. 지리산 신선들만 마신다는 물에 탄 인월 술덧은 천하별주가 아닌 맹맹주가 돼버렸던 것이다. 그래도 우리들의 기억에 오래오래 남은 것은 산중야기山中夜氣에 그 맹맹주나마 즐겁게 마셨던 분위기였다.

별 없는 하늘

함께 걷는데 그의 걸음걸이가 어딘지 불편해 보였다.

"담박질했소?"

"몇십 리 뛰었습니다."

"자학自虐이지?"

"그렇지요. 차라리 죽어도 좋다…는 그런 것이지요."

잠깐 걷는 동안의 대화가 무겁다. 자신을 얻기 위해서지만 또한 내팽개치기 위해 뛰기도 한다. 그러나 그 오기처럼 그에겐 또 다른 생명력이 충만해 있다. 목표를 위한 과정이 자학인 듯하지만 절망이 아니다. 혹사 뒤에 얻은 성취감, 정신과 육체의 묘한 이율배반이다.

5층 건물 어느 맥주집으로 들어가 창가에 자리를 잡고 마주 앉는다. 시작이 더디다. 대화만큼 느리게 술잔을 들었다 놓기를 반복한다. 어쩌다 아는 음악이 흘러나온다. 〈당신이 가신다면 If you go away.〉' 브랜다 리의 노래다. 노래의 분위기처럼 우리들의 대화도 여전히 가라앉아 있다.

그가 말하는 고통을 함께 할 수 없어 나는 그저 듣는 편이다. 가끔 그의 마음을 이해한 듯 한숨을 쉬어주는 정도다. 이미 알고 있는 일이긴 해도 그의 울타리 안을 엿보지 않으려는 자제력을 포함한 서글픈 동조다. 그에겐 지금 그 어떤 위로가 닿지 않음을 알고 있다는 무력감을 벗기 위해 술잔을 들기도 한다.

"내 심연에 한 방울의 독이 든다한들 무슨 차이가 있겠습니까. 두말없이 그 독을 받아들이지요. 그 배려 없음에 이의를 갖지 않습니다. 그래, 좋다. 독이라도 마셔주마……."

이윽고 밤은 깊었다. 한계 있는 체력을 뛰기로 소진한 탓이었을까, 금방 술에 취해 보이는 그가 탁자에 머리를 대고 엎드린다. 불빛에 그의 머리카락 한 올, 갈색으로 빛난다. 가만히, 가만히 떠는 어깨. 어깨처럼 머리칼도 가볍게 흔들린다. 맞은편에서 앉아서 물끄러미 그를 바라보다가 위로하듯 그 머리칼을 쓸어준다.

문득 풍기는 그의 머리칼 냄새가 좋다. 샴푸냄새. 오기 섞어 뛰기를 마친 다음 샤워를 하며 비누를 풀었겠지. 그때 그는 어떤 기분이었을까. 자신을 학대해서 얻은 성취감이 비누 거품처럼 부드러운 것이었을까. 아니면 감미로운 고통이었을까.

"울지 마."

그를 다독이며 내가 한 말이었다.

헤어져 돌아온다. 술도 취하지 않은 귀로가 무척 쓸쓸하다. 발걸음을 멈추고 밤하늘을 올려다본다. 도시의 하늘엔 별빛도 숨었다. 별 없는 하늘, 하늘도 상실한 것이 있었구나. 그의 고통마저 사랑하는 것처럼 진지한 표정이었을 내 값싼 동정이 문득 무색하다. 바람이 불고 잎사귀가 흔들린다.

로버트 매쉬번

"사은꼭山谷?"

그가 나를 포옹하며 하는 소리였다. 딱 15년 만에 다시 본 얼굴이었지만 고맙게도 내 이름은 잊지 않고 있었다. 미국 워싱턴에 있는 무슨 타이어공장 사장 아들이라는 그였지만 사실을 확인할 길은 없는 외국인 친구였다. 그가 불쑥 나를 다시 찾아온 때는 가을 황금물결이 들에 가득할 때였다.

'오매.'

포옹의 순간 그 말은 내 입 속에 파묻혀버렸다. 15년 전엔 배우 '크리스 밋첨'을 닮아 잘 생긴 얼굴이었던 로버트 매쉬번. 한국 이름 명유진, 금발머리에 키는 육척 장신이었고 눈이 파랗던 사람이 너무도 달라진 모습으로 내 앞에 나타났기 때문이었다. 키는 그대로지만 찰랑거리던 금빛 머리는 어디로 가고 이마는 훌러덩 벗어진데다 배는 불룩 튀어나왔고 얼굴은 백인답지 않게 붉어져 있었다.

그래도 반갑기 그지없는 손님이라 호텔 잡아 방 마련해 주고 남는 것이 술 마시기였다. 토막영어 한 마디조차 할 줄 모르는 나로서는 그와의 언어소통이 가장 문제였다. 옛날처럼 손짓 발짓, 아니면 그림 그리기로 뜻이 통할지 모르나 그것도 한계가 있을 것 같았다. 할 수 없이 영어를 잘하는 진열이를 불러내어 통역을 부탁하기로 했다.

그 옛날부터 한국 맥주가 좋다고 했던 그였다. 나와 매쉬번, 진열이 셋이서 술 마시기가 시작되었다. 우리가 서로 말하고 대답하는 사이 진열이는 참으로 잘도 통역을 해 주었다. 15년 전의 그 정리가 그대로 묻어나와 의사소통엔 아무런 거리낌이 없었으나 진짜 대화는 그들 둘 만의 것이었고 나는 바보처럼 두 사람의 얼굴을 번갈아 쳐다보는 징검다리 감정이어야 했다.

'형님의 노래를 듣고 싶다.' 고 그가 말했다. 옛날에 내게 배웠다는 패티 김의 〈이별〉이라는 노래를 그는 잊지 않고 있었다. 어쩌면 그와 나에게 어울리는 노래였는지도 몰랐다. 그가 귀국할 무렵 유행했던 노래였던 것이다. 내가 부르는 노래를 따라 하던 그의 눈에는 이슬이 맺혀 있었다.

다음날 아침으로 사준 추어탕을 서툰 젓가락질을 해가며 그는 잘도 먹었다. 옛날에 자주 놀러 다녔던 적성강을 보고 싶어했다. 써금써금한 내 승용차에 태워 추억을 더듬는 짧은 시간을 가지는 동안 계속 그는 사진을 찍었다.

"이별주."

점심으로 자장면을 사준 뒤 마지막 맥주잔을 권하면서 내가 한 말이었다. 광주에서 비행기를 타고 김포공항으로 간 뒤 곧바로 미국행 수속을 밟아야 한다고 했다. 그를 더 붙잡을 수는 없었다. 누구를 만난 뒤 어떤 여행의 끝자리에서 나를 찾아왔는지 묻지 않고 우리는 헤어졌다.

"갔소?"

매쉬번 잘 보냈느냐는 진열이의 늦은 전화였다.

"그려. 지금쯤 와싱톤 가는 비양그飛行機 안에서 개밥 퍼지듯 퍼져 있겄지."

풀이 죽은 내 대답이었다.

박정옥 선생

대강집이었다. 가을 추어탕, 시래깃국 냄새가 구수했다. 장성룡 선생과 둘이 앉아 며칠 전에 다녀온 산 이야기를 하는 중이었다. 사실 지리산 단풍의 황홀함이 머리를 어지럽게 한 후유증에 즐겁게 시달리고 있는 중이었다.

건넌 자리에 앉아 술을 마시던 두 사람 중 하나가 일어나 우리 쪽으로 왔다. 대강집에서 가끔 만나 안면만 있다는 것뿐, 그가 누군지는 잘 모르는 사람이었다. 우리 이야기를 들었다는 듯 그가 물었다.

"지금 한신계곡 단풍이 좋던가요?"

"절정입니다."

간단한 내 대답에 그는 자기 자리로 돌아갔다.

정창호, 김구환, 양승환, 한병옥 형님들이 들어왔다. 먼저 와 기다리고 있는 우리보다 건넌 자리의 조금 전 그 사람이 더 반갑게 그분들과 인사를 나눴다. 대체로 조용하던 술청이 갑자기 활기를 띠고 떠들썩해지기 시작했다.

얼마 후 어른들이 그에게 합석을 권했다. 마침 그와 함께 술 마시던 사람이 간 뒤였지만 냉큼 우리 쪽으로 걸어오는 그를 보고 나는 가볍게 미간을 찌푸렸다. 아까부터 산 꾼 냄새를 일부러 풍기는 듯한 그에게 이는 거부감 때문이었다. 훗날 거만해 보였다는 말을 두고두고 듣게 된 첫 합석이었다.

어느 정도 시간이 흘러 그가 자리를 옮겨 한 잔 대접하겠다는 제안을 했다. 아직 나와는 인사도 나누지 않은 채였다. 모두들 그와 내가 수인사도 나누지 않은 사이인 것을 모르고 있었다. 때맞춰 막차 시간을 핑계로 내가 일어섰다. 창호 형님이 '너 빠지면 이 자리가 뭐가 되느냐.' 며 야단을 치는 동안 그는 나를 빤히 바라보고 있었다.

'에라, 모르겠다.' 며 막차 시간을 넘겨 옮겨진 자리에서 흥취가 더욱 깊어지기 시작했다. 호사집 칸막이 베니어판이 벽과 틈새가 있었는지 숟가락과 주먹으로 박자를 치면 흡사 북을 치는 소리가 났다. 산사 법고 치듯 베니어판을 두드려 박자를 맞추려면 일어서야만 했으니 술청이 마치 무대 같은 분위기였다. 그가 느닷없이 좌중에 대고 소리를 질렀다.

"이놈 멋진 놈이구만. 내가 오늘 이놈한테 반해서 술 한 잔 살 일이 있소! 형님들 따라 오실라면 오시고 말라면 마시오!"

어른들께는 엄포였고 내게는 대뜸 반말이었다.

그러나 아무도 가버린 사람 없이 또 옮겨진 자리는 방 두 개짜리 작은 술집이었다. 손님 맞는 주인 마담처럼, 방 안에 소리 북이 하나 묵직하게 놓여 있었다. 설薛마담의 '신정집'이었다.

눈을 떠보니 아침이었다. 모두 다 가고 그와 나 둘만 남아 쓰러져 있었다. 첫 만남부터 어울려 그대로 날을 샌 것이다. 사연이야 있고 없고 따질 사이 없이 취중에 이놈 저놈, 분명 친구가 된 것은 사실이었다.

"야. 어젯밤 즐거웠다. 해장국이나 먹으러 가자."

술 깨어 맨정신이면 다시 서먹한 분위기로 돌아갈 수 있다는 것을 알았는지 그가 만면에 웃음을 띠고 하는 말이었다. 그의 이름을 자세히 알게 된 것도 그로부터 며칠 후였다. 여자 같은 이름, 산꾼 박정옥 선생이었다.

한 방죽 고기

토요일 아침이었다. 통근버스를 타기 전 시간이 남아 광신이의 집을 들러본 것이 화근이었다. 전날, 군 휴가를 나온 희철이와 함께 혼자 있는 그의 집에서 밤늦도록 술잔을 들다 새벽에 헤어진 터였다. 희철이를 데리고 집에 가서 잔 둥 만 둥, 다시 출근하기 위해 나온 길이었다. '그 놈이나 깨워놓고 가자.' 는 생각이었는데 뜻밖에 그는 자기 집 철 대문에 페인트를 칠하고 있었다.

"이른 새벽 무슨 청승이냐?"

내 말은 들은 척도 않던 그가 해장술부터 한 잔 하자고 했다. 손사래를 쳤더니 냅다 고함이었다.

"아따! 한 잔 합시다."

"염병헐 놈."

싫다는 뜻보다는 좋다는 뜻으로 뇌까려놓고 어젯밤 마시다 남은 맥주병 원 것을 까게 했다. 셋이서 딱 한 잔씩 마신 것까지는 좋았는데 이후 간밤과 똑같은 상황으로 이어지고 말았다. 광신이가 몇 번 가게에서 맥주병을 사 날랐고 나중에는 희철이가 심부름을 대신했다. 나도 광신이도 출근은 제쳐 둔 채였다. 취중 객기로 나는 예비군 훈련이라는 거짓말로 내 근무처로 전화를 했고, 광신이는 '마누라도 없는디 내가 출근허게 생겼소?' 하고 어느 누구에겐가 생떼를 썼다.

얼마 후 광신이와 함께 근무하는 윤석이가 들이닥쳤다. 어떻게든 광신이를 데리고 출근할 작정으로 온 그에게 '야! 온 김에 너 한 잔 마셔라!' 하고 내가 술잔을 권했다. 광신이가 아닌, 내게 눈을 흘기던 윤석이가 상황 수습을 포기하고 그냥 돌아갔고 우리는 부어라 마셔라 술병 까기를 계속했다.

어디서 물소리가 들렸다. 무언가가 이상하여 눈을 떴더니 희철이는 방바닥에, 나와 광신이는 침대에 고꾸라져 있었다. 가을햇살이 방안에 사선을 긋고 들어와 있었다.

친정이라도 갔나 보다 했던 광신이의 마누라가 돌아와 이 난장판을 본 것이 분명했다. 힐끗 내다보니 아니나 다를까, 아이를 업은 채 주방에서 설거지를 하고 있는 광신이 마누라 뒷모습이 단단하게 굳어 있었다. 서둘러 희철이를 흔들어 깨워 놓고는 어떻게 이 사태를 수습할까 생각했지만 묘안이 떠오르지 않았다. 쥐어뜯어도 인사불성, 일어나지 않는 광신이를 그냥 두고 방을 나온 뒤 꾸벅, 그의 마누라에게 인사를 했다. 인사를 받았는지 말았는지 어떻게 신발을 신었는지 헐레벌떡 대문을 나오는데 십년감수한 기분이었다.

간밤에 마누라 어디 갔느냐는 내 물음에 광신이의 대꾸가 '술' 때문이라며 허허허 웃었던 것이 생각났다. 짐작이 가는 일이었는데 이젠 꼼짝없이 한 방죽 고기가 된 것이다. '마음 좀 가라앉히고 와 보니 뜬금없는 객까지 와서 안방침대에 벌렁 누워있지를 않나. 아이구, 그놈의 술!' 광신이 마누라가 내 뒤통수에 대고 소리를 지르는 것만 같았다.

손바닥이 끈적끈적했다. 아침에 광신이가 칠했던 대문의 페인트가 아직 마르지 않아 황망한 탈출 중에 묻은 모양이었다. 상황이 염치없어 뒤따라나온 희철이를 바라보며 한다는 말이 스스로 생각해도 엉뚱했다.

"아, 저 놈은 그 새벽에 무슨 뺑기칠이여? 뺑기칠이?"

석파 형

석파石坡 형의 전화였다. 직장이 있는 먼 곳이었다.

"웬일이우?"

"내려 와. 술 먹게."

짧게 한 마디 하더니 일방적으로 전화를 끊었다.

'으이그, 이 빼덩니.'

수화기를 내려놓으며 속으로 하는 즐거운 푸념이었다. 얼마 후 정말 '얼씨구나 좋다.' 하고 날 잡아 찾아간 곳, 통영統營이었다.

통영버스터미널에서 기다리겠다던 석파 형은 보이지 않았다. 전화부스에 들어가 회사에 전화를 해보았지만 받지 않았다. 지금쯤 오는 길인가보다 싶지만 낯선 이 도시에 날 서성

거리게 하다니. 만나면 한 마디 해야지, 속으로 나는 투덜거리고 있었다.

전화부스 앞 도로에 승용차 하나가 아까부터 멈추어 서 있는 것이 눈에 띄었다. 누군가가 나를 바라보고 있었던 것 같다는 생각이 들자 그때야 아차 싶었다. 석파 형이 또 나를 약 올리고 있다는 것을 깨달은 것이다. 아닌게아니라 차 뒷좌석에 앉아 뻐드렁니를 내놓고 씩 웃고 있는 그의 모습이 보였다. 일단 반가우면서도 마음 한구석, 그의 의도대로 이미 나는 약이 올라 있다.

"냅둬. 지가 알아볼 때까지."

석파 형이 그랬다며 나중에 운전기사가 내게 해준 말이었다. 만날 때마다 아웅다웅, 우리는 늘 그런 식이었다.

통영 최고 요정에서 술자리, 한복 입은 아가씨들 수가 우리보다 더 많았다. 석파 형이 누구라는 것을 이미 알고 있는지 '소장님, 소장님', 부르는 호칭이 실로 극진했다. 늘 텁텁한 외모에 서민적인 성격인 그 형에게 전혀 어울리지 않는 예우였다. '소장님, 한 잔 받으시지라우.' 라는 내 말도 장난이요, 그 말이 거슬려 '음마, 야야!' 정색을 하는 것도 석파 형이었다.

술자리가 끝났다. 점퍼 속주머니에 들어갔다 나오는 석파 형의 손에 묶은 돈 한 다발이 쥐어져 있었다. 마담에게 통째로 건네더니 술값에 팁이니 뭐니 전부 셈을 하라 했다.

"모지래냐?"

통영 땅에서 듣는 '모자라느냐.'는 전라도 말이 정겹기 짝이 없었다.

"아니, 아니. 남십니더."

마담이 능숙한 솜씨로 돈을 세더니 얼마간 남은 돈을 석파 형에게 돌려주었다. '봉급 탔으니 술 한 잔 사라.'는 말로 내 오장을 자주 긁던 석파 형이 내게 쏟아주는 묵직한 마무리였다.

"아저씨, 참 잡놈이네예."

자리에 서자 옷매무새를 고쳐주며 한 아가씨가 농담 섞어 내게 말했다. 앞장서서 걸어나가던 석파 형이 그 말을 들었는지 돌아서며 한 마디 하는 것이었다.

"건들지 마라. 쳐다보기도 아까운 동생잉께."

어지러운 청춘

입영을 앞둔 선배들과 어울려 마시다 끝난 자리, 비가 그쳐 있었다. 밤바람이 취기에 젖은 얼굴을 시원하게 훑고 지나갔다. 가을의 끝자락, 낙엽진 거리에는 인적도 끊겨 있었다. 맞은편에서 걸어오는 그림자가 있었다. 접은 우산을 든 숙이가 나를 보고 멈추어 서서 중얼거렸다.

"나, 나 술 마셨어."

"저런. 계절 탓인가?"

"모르지. 우리 좀 걸을까?"

발길을 돌려 바람을 안고 함께 걸었다. 그의 걸음이 흔들리고 있었다.

어떤 이유 있어 친구의 집에서 술을 마셨다 했다. 토하기도 하고 울기도 했다는 그의 얼굴은 편안해 보였다. 바람 잦은 뒤의 고요함 같은 것일까. 그에게 있을 서글픈 이별이 생각났다. 심중에 있는 사람이 떠나리라는 직감이었다. 내게도 언젠가 찾아올 단어가 생각났다. 입대入隊.

이 땅의 남자라면 어쩔 수 없이 그어야하는 청춘의 전환점 입대. 이별과는 참으로 어울리는 동류항의 말 입대.

"우리 지아네 집으로 가."

숙이가 말했다.

"늦었어."

"괜찮아. 전화했더니 집 앞에서 기다린데."

"나랑 함께 갈 줄은 모르잖아."

"아냐. 함께 가면 더 좋아할 거야."

지아의 집은 가기 싫었다. 얼마 전 서로를 위해 돌아서기로 했던 우리들의 결별을 전혀 모르고 있는 숙이였다. 하긴, 앞으로 친구처럼 지내기로 했지. 속으로 뇌까리며 막무가내 잡아끄는 그의 뒤를 따를 수밖에 없었다.

집 앞에서 우산을 든 채 숙이를 기다리고 있던 지아가 내 모습을 보자 놀라는 눈치였다. 별 말 없이 그의 집 앞 둑 위를 함께 걸었다. 앞산은 어둠에 가려 아예 보이지 않았지만 가로등 불빛은 멀리서 가물가물 졸고 있었다.

비가 다시 내리기 시작했다. 서로 돌아서기로 한 우리는 나란히 한 우산을 받고 둑에 앉아 있었고 아무것도 모르는 숙이는 물가에 내려가 울고 있었다. 한동안 진정되었던 감정이 다시 복받치는 모양이었다. 지아와 나를 한 우산 아래 있게 한 것을 숙이가 의도하지 않았음은 그 울음소리가 증명해주고 있었다. 우리는 한동안 어울리지 않게 쪼그리고 앉아서 빗소리에 묻혀오는 숙이의 울음소리를 듣고 있었다.

"술 마셨네요."

숙이와 같이 마시지 않았다는 것을 알고 있는 지아가 물었고 나는 아무 대답도 하지 않았다. 그의 말대로 술은 마셨지만 취하지 않은 밤이었다. 얼마 후 헤어질 때 지아가 건네주는 우산을 나는 받지 않았다. 빗줄기가 어지러운 우리들 의식을 깨끗이 씻어주었다면 좋겠다는 생각뿐이었다.

오늘날까지 숙이가 울어야했던 진짜 이유처럼, 이미 고인이 된 지아와 결별해야했던 뚜렷한 이유를 나는 모르고 있다. 다만 그와 나 조금은 여리고 조심스러웠던 순정 때문이었음은 분명하다. 그 순정이 가벼운 한숨으로 대신해지는 적적한 늦가을 밤, 어쩐지 독하디 독한 술 한 잔 마시고 싶어진다.

술 한 동이

'우리들의 줄기'

시인 박종수朴鍾洙 형의 시집출판기념회였다. 친구였던 시인이 밤늦도록 '쑥대머리'를 부르며 취하고 싶다는 축사를 했다. 정겨운 지음知音을 느끼게 해준 축사였다. 낳아주신 어머니, 길러주신 어머님의 일화를 소개할 때 모두의 분위기가 숙연해졌다. 따뜻한 출판기념식이 끝나고 그 자리에서 만찬이 이루어졌다.

"고향에서 동동주를 빚어왔습니다. 마음껏 드십시오."

종수 형 말씀에 문인 하객들이 환호했다. 장수의 맑은 물로 빚은 동동주가 넉넉한 술자리였다. 달콤하게 익은 술맛에 취해 권코 잣코 자리가 무르익을 무렵이었다. 옆 자리에 앉아

잔을 들고 있던 이필준維山 선생이 내게 말했다.

"형님. 종수 형은 바쁘실 테고, 우리끼리 〈쑥대머리〉나 부르러 가끄?"

'가끄?'는 '갈까요?'라는 이 지방 토속 말, 꽤 정겨운 분위기에 쓰이는 말이었다. 들뜬 분위기에 낯선 사람이 많은 탓에 조근히 술 마실 수 없다는 뜻이기도 했다.

"좋지요."

내 대답을 들은 그가 성큼성큼 술항아리들이 놓여있는 곳으로 갔다. 반 말들이쯤 되는 옹기항아리를 한손으로 쥐어잡는데 테 안쪽으로 들어간 엄지손가락이 술에 잠겼다. 항아리 가득 넘실거리는 술이 묘한 풍요를 느끼게 해주었다.

"이 좋은 술 놓고 가기는 아깝고, 한 동우(동이) 가져다가 산곡 형하고 마실라우."

유산으로부터 우선 딴 곳에서 어울려 있겠다는 하직인사를 받은 종수 형이 그 장소는 내게 물었다.

"어디로 갈랑가?"

"이 명창한테 갈라요."

함께 간 정옥이는 어디로 떼어놓고 신나는 걸음으로 우리들은 장을 빠져나왔다. 여전히 유산은 술 가득한 항아리 테를 쥐어잡은 채였다. 늦가을 상현달빛이 밤하늘에 젖어 있었다.

명창 이난초와 함께 어우러진 자리에 가져간 한 동이 술이 바다났고 종수 형이 계시지 않는 그 자리에서 나는 〈쑥대머리〉를 불렀다.

웃음이 잦은 유산의 추임새가 소리의 흥을 한층 돋구어주는 자리에 이 명창이 소리를 하면 내가 북을 잡었고 내가 소리를 하면 이 명창이 북채를 들었다. 유산도 한 가락 소리를 거들고 취흥에 밤은 점점 깊어가고 있었다.

오늘날 유산을 만나 그 때의 술자리를 회상할 때면 빠지지 않는 말들이 있다. 항아리 주둥이에 들어가 술에 잠긴 그의 엄지손가락, 달콤했던 술 맛, 이젠 고인이 되신 종수 형의 추억에 이르기까지. 그리움을 몰고 오는 그 이야기에 한숨이 곁에 서는 것은 무슨 이유일까.

자전거 도둑

퇴근길 술자리가 끝났다. 한성집 문 앞에 받쳐놓은 자전거의 자물쇠를 풀었다. 취기가 깊어 안장 위로 타지 않고 한 손으로 핸들을 잡고 끌었다. 그다지 멀지 않은 집으로 가는 도중 달빛이 좋았다.

이른 새벽 인근 파출소에서 순경이 찾아왔다. 간밤에 자전거를 잃어버린 사람이 도난신고를 했기 때문이란다. 뜰에 있는 자전거를 본 그가 깜짝 놀랐다. 전혀 모르는 새 자전거가 세워져 있었던 것이다. 바바리코트를 입고 가방 띠를 어깨에 두른 사람이 자전거를 끌고 갔다는 목격자가 있었다. 끈질긴 성미였던가, 집집마다 담을 기웃기웃 동네를 뒤진 자전거 주인이 등나무 잎사귀가 거의 진, 그의 집 마당에 받쳐진 자전거를 발견했던 것이다.

취중에 열쇠가 들어맞았던지 아니면 자물쇠를 잠그지 않았던 것을 무심코 끌고 왔는지 몰랐지만 아무튼 그는 꼼짝없이 자전거 도둑이 되었다. 파출소에 가서 조서를 받고 자전거를 돌려주고 헌 자기 자전거를 찾아 끌었을 때 얼굴이 화끈거렸다. 파출소에서나 새 자전거 주인이나 모두가 취중에 벌어진 실수였음은 알고 있었다. 모두가 웃어버린 해프닝이었지만 실수를 한 본인은 여간 창피한 일이 아니었던 것이다.

당연히 술 때문이었다. 그놈의 술. 자기의 별명처럼 작두로 싹뚝 끊어버리는 금주禁酒면 좋았으련만 그게 쉽지는 않을 것 같았다. '않을 것 같다.'는 여지로 그는 스스로 자중의 기간을 두었다.

"앞으로 6개월 동안 술을 절대 마시지 않겠다."

선언이었다.

한병옥 선생이 우리에게 했던 그 선언을 들은 나는 '두고 보자.'고 맞섰다. 저 술고래가 금주로 6개월을 어떻게 견디겠느냐, 거의 매일같이 빠지지 않고 술을 마신 사람이 술자리를 피해가기도 힘들 것이란 계산이었다.

예상은 빗나갔다. 술자리를 피하기는커녕 우리들의 그 많은 회동에도 절대 빠지지 않은 그였다. 한 술 더 떠 오늘 한 잔 하자는 선수를 치기도 했다. 막상 자리에 앉아서는 '아직

석 달 열하루 남았다.'는 식이었다. 그럴 때마다 한 잔 들이키고 '아이고, 맛있써어–' 소리를 길게 뽑아 영탄조로 약을 올려도, '딱 반 잔만 마셔 보실라우?'라는 회유나, '술 안 마시려거든 가시라.'는 막말에도 끄떡하지 않았다.

"형님. 술도 안 마시고 안주만 먹는 사람을 뭐란 줄 아슈?"

"모르겄다!"

"나만南原 3대 쩨쩨 중 첫째랍디다."

"썩을 놈."

대화는 꼭 그런 식이었다. 거짓말 같은 그의 금주 6개월 동안이었다. 늦가을에 시작하여 초여름까지였다.

좋았던 시절

정창호, 김구환, 최성우, 한병옥 선생, 걸쭉한 술꾼들과의 합석이었다. 잔이 서너 순배 돌자 술 때문에 겪었다는 옛 시절 이야기가 절로 나왔다.

성우 형님이 이웃 고을로 통근할 때였다. 집이 그 고을이었던 창호 형님과 퇴근길 술이 거나해졌다. 집으로 돌아가는 막차 시간이 가까워지자 터미널까지 태워다 주겠다며 창호 형님이 자전거를 끌어왔다.

"꽉 잡아."

뒷자리에 성우 형님을 태운 창호 형님이 패달을 밟으며 한 말이었다. 앞뒤에서 사람이 흔들리니 자전거도 함께 취한 듯했다. 턱이 진 길을 지나다가 손을 놓은 성우 형님이 그만 뒤로 떨어지고 말았다. 나동그라진 성우 형님이 고함을 질러 그때야 창호 형님은 자전거가 가벼워진 줄 알았다고 했다.

어깨에 통증이 왔다. 그 고통이 이루 말할 수 없었다. 급기야 택시를 불러 함께 탄 뒤 정형외과로 가기로 했다. 창호 형님이 택시 안에서 '아, 꽉 좀 잡으랑게. 왜.' 하며 다친 어깨를 주물러 주었다. 삔 게 아닌가 싶었던 모양이었지만 성우 형님의 입에서는 '아구구구' 소리가 절로 나왔다.

정형외과에서 엑스선 촬영을 한 뒤 어깨뼈에 금이 갔다는 진단이 나왔다. 부기浮氣가 빠지면 깁스를 해야 한다는 것이었다. 그 금이 간 어깨뼈를 손힘이 좋은 창호 형님이 주물러 댄 것이다.

고행의 치료기간이 남아 있었다. 부기가 빠지고 깁스를 해야 하는데 그 처방이 희한했다. 어깨 힘의 균형을 맞추기 위해 팔목이 들린 채로 깁스를 해야 접합이 잘 된다는 것이었다. 마치 운동선수가 선서를 하듯 다친 오른쪽 팔을 들어야 했다. 고정된 팔목에 어깨 가슴까지 두른 석고덩이가 갑옷처럼 두툼해서 숨이 막힐 지경이었다.

왼손을 들면 절로 만세를 부른 꼴이 되었다. 서툰 왼손으로 칠판글씨를 쓸 때면 만세를 부르는 선생님의 모습을 보고 학생들은 웃었다. 왼손을 내리면 선수선서요, 들면 만세였다.

"두 팔 쭉 뻗는 만세가 아니니 하기 싫어 올린 게으른 만세였겠네요?"

내가 물었다.

"게으른 만세? 그게 만세여? 총 들고 '손들어!' 에 두 손 든 꼴이지."

누군가의 대꾸에 좌중이 웃었다.

더욱 웃기는 일. 오고 가던 택시가 손님이 부르는 손짓으로 알고 자주 서더라는 것이었다. 택시기사가 삐식 웃고 지나가기도 했지만 가끔 억지로 택시도 탔다는 성우 형님이었다.

"그때가 언제여. 그래도 그 시절이 참말로 좋았지."

웃음 뒤에 남는 한숨, 다섯 사람 모두 다 술잔을 들고 있었다.

추월만정가秋月滿庭歌

판소리 심청가 중에서 황후가 된 심청이가 아버지를 그리워하는 대목이 있다. '추월秋月은 만정滿庭허여-' 로 시작되어 〈추월만정가〉라고도 하고 〈심황후 사친가思親歌〉라고도 한다. 진양조 느린 박으로 부르는 애절한 효심의 가락이 심청가 중에서 눈대목으로 불리는, 백미 중 하나다.

중천에 달 뜬 가을밤, 이미 고인이 된 명창 안향년의 소리를 들어보면 기가 탁 막혀온다. 달빛처럼 서늘한 물결을 타고 가슴을 싹둑 벼른 칼로 베이는 듯한 절창의 무게가 삼만 근을 넘는다. 황후, 소중랑의 전령이라도 기대한 듯 기러기에게 소식을 전하고자 안에 들어가 편지를 쓴다. 눈물로 쓴 편지라 '글자마다 수먹水墨이 되어 언어가 도착倒錯인데 편지 적어 손에 들고 나와 보니' 기러기는 간 곳이 없다. 창망한 허공을 바라보며 탄식하는 그 조調가 6박 한 마디로 길게 뻗을 때는 내 애간장도 다 녹는다.

경주 어디서 문인들과 하룻밤, 뒤풀이를 끝내고 돌아오는 길이었다. 달빛 조명삼으니 절로 나온 것이 추월만정가였다. 우리 일행도 아닌 어떤 사람이 앞서서 걷다가 갑자기 멈추어 뒤돌아서더니 내 손을 덥석 잡았다.

"그 소리 너무 좋십니다. 앉읍시데이."

그 자리에 주저앉으며 그가 하는 말이었다. 나도 따라 그 사람 옆에 앉아 마다않고 소리를 했고, 그 깊은 밤 모텔 앞 화단가에는 깡통 맥주 몇 개가 구겨져 나갔다.

가을이 깊었다. 향길이의 집, 잔 들어 그리움을 마시다가 불러본 소리, 추월만정가가 끝났다.

"무슨 일이 있지라우? 소리가 어찌 그리 슬프요?"

정확히 박拍을 치고 추임새 섞어 넣던 소蘇 교수가 북채를 놓으면서 하는 말이었다. 맞는 말이었다. 이 가을, 산 너머에 기러기나 불러 소식을 전해야했던 내 의지가 그 소리에 묻어 나온 것이 사실이었던 것이다.

"정말 무슨 일이 있으시지요? 이 거리에 요즘 자주 나타나신 것을 보니."

향길이도 거들었다. 그 사람이 없는 줄 엄연히 알고 있으면서도 그 거리에 나가야만 직성이 풀렸다. 은행잎이 거의 지던 거리에서 그의 숨결을 찾기 위해 배회했던 내 속내가 단번에 들통 났던 것이다.

가을 달빛 뜰에 가득한데, 그리움이 어찌 사친思親에만 머물 것인가. 이유를 두고 그에게 절필絕筆해야 했던 마음이 비탄悲嘆을 담고 있었다. 그 마음 위에 달빛만 교교히 내려앉았던 깊은 가을밤이었다.

제4부 겨울

명호 형

월산동 숙이

해후邂逅

논게파와 번게파

세밑 촌극

구두는 없어지고

누구였을까

양평에서

주막집의 일 배

현주玄酒

술청 한마당

내 자리는 비워 놓고

명호 형

그였다. 군복차림이었던 예전 모습 그대로 자전거를 타고 내 앞을 스쳐 지나가고 있었다. 안개가 자욱한 들판이었다. 내 발은 그 자리에 얼어붙어 있었다. 목이 메었다.

'명호 형!'

이름을 부르고 싶었는데 말문은 열리지 않았다. 잠시 머뭇거리는 사이 그는 보이지 않았다. 꿈. 어느 해 가을, 딱 한 번 꾼 꿈이었다.

긴 세월을 두고 수소문한 끝에 그를 찾을 수 있었다. 그와 통화할 수 있었던 날, 전화기를 든 채 우리는 잠시 할 말을 잃고 있었다.

"형. 나 잊었지?"

잊지 않았다는 대답, 그의 목소리는 변함없었다. 정확히 25년 만에 들어본 목소리였다. 이번에는 분명히 꿈은 아니었다. 내가 형이라 부르는 것과는 달리 조심스럽게 섞여있는 그의 높임말이 어색했다. 어색했지만 제법 긴 시간의 통화였다. 그 긴 시간 동안 서로 무슨 말을 했는지 나중에 기억할 수 없었다.

우리는 어떤 사이였을까. 젊은 한때 군대에서 만났다는 작은 인연, 그뿐이었을까. 병역이라는 의무기간이 끝난 뒤 서로에 대하여 지녀야할 것이나마 남아있었다면 그것은 무엇이었을까. 웬만한 사람들이 그렇듯, 조금은 과장된 군대이야기 중에서 어쩌다 떠올릴 수 있는 사람 중 하나였다면 차라리 좋았을 것이다.

흔히 그렇듯 병영에서 함께 생활해 오는 동안 남들에겐 숨겨진 서로의 감정이 어찌 없었겠는가. 크고 작은 갈등, 이해와 증오, 배려와 대립은 늘 상존해 온 사이였다. 그 뒤범벅이 된 애증의 감정을 정리하지 못하고 그는 나를 앞서 병영을 떠났다.

"술 한 잔 할까요?"

이듬해 복학생이 된 그를 만나 내가 했던 말이었다. 짧게 거절했던 그의 목소리를 나는 무심히 귓가에 스쳐들었다. 기대하지 않았기 때문이었다. 그와 헤어져 돌아오면서 다시는 그를 찾지 않으리란 결심을 했다. 남은 것은 한때의 우의를 지우기 위한 오기뿐이었다. 그러나 청춘이 우리를 떠나버렸음을 알았을 때 그 오기도 함께 지워진 것을 나는 알았다.

기대가 이루어진 뒤의 허탈감 때문일까, 찾는 순간이면 당장이라도 만날 수 있을 것 같던 마음이 한동안 고요한 늪 속에 빠져 있었다. 그냥 그대로, 처음 그대로의 자리였다. 그러나 천근만근 무겁게 그에게 편지를 썼던 날은 비가 철철 내리고 있었다. 비조차 오지 않았다면 그 편지나마 쓸 수 없었을 것이다.

편지를 쓰다가 문득 잊고 있었던 어떤 소리를 들었다. 그 마지막 날, 그에게 건넸던 잔잔하고 슬펐던 내 목소리였다.

"술 한 잔 할까요?"

월산동 숙이

초등학교 동창회였다. 처음엔 서먹했던 분위기였지만 시간이 흘러 어색함이 차츰 희석되어 갈 무렵이었다. 어떤 여자가 혼자 앉아 취기를 식히고 있는 내 앞에 앉았다.

"산곡이지?"

본명이 아닌 내 이름을 알고 있다니 뜻밖이었다. 동기同期라는 울안의 기억을 떠올려 봐도 전혀 알 수 없는 친구였다.

"누구냐고 물으면 실례인가?"

"괜찮아. 자넨 날 모를 거야."

잠시 이어진 침묵을 깨며 '월산동'을 아느냐고 물었다. 모르겠다는 내 대답이 당연하다는 듯 그녀가 웃었다. 취한 눈으로 봐도 조용한 웃음이었다.

"하긴, 세월이 얼마인데 월산동을 기억할까. 나 숙이야."

혼잣말처럼 뇌까리는데 누군가 그녀를 불렀다. 의자에서 일어난 그녀가 '먼저 갈게.' 라는 인사를 하고 밖으로 나갔다. 밤이 깊어 가는지 하나 둘 자리를 떠나기 시작하고 있었다. 누군지는 몰랐지만 미소를 띠어 나는 그를 보냈다.

어느 날이었다. 무심코 손에 쥔 음반 한 장에 시선이 멈추어졌다. '마리사 산니아' 의 〈사랑은 비둘기 Lámore é una colomba〉라는 곡이 수록된 음반이었다. 그 순간 번개처럼 스친 수 년 전 동창회의 기억이 전신에 힘이 쭉 빠져나가게 했다. '아!' 하는 탄성과 함께였다.

한때 즐겨듣던 라디오방송 프로그램이 있었다. 오후 다섯 시면 DJ 서수옥의 목소리가 시그널뮤직과 함께 흐르기 시작하는, 신청곡 팝뮤직프로그램이었다. 라디오를 켜 놓고 때마침 놀러 온 성태, 성곤이, 일상이와 색소로 물들인 소주를 양주처럼 마시고 있을 때였다.

"광주 월산동의 숙이가 순창의 선산곡에게 띄웁니다. 마리사 산니아의 사랑은 비둘기."

뜻밖의 사연이었다. '세월' 이라고 섞인 말은 무심히 지나간 뒤였다. 나에게 음악을 보낸 월산동 숙이? 전혀 짐작도 할 수 없는 사람이었다. 함께 방송을 자주 들었고 팝송을 무척 좋아하는 성태에게 '너지?' 하며 닦달을 했지만 결코 아니라고 했다. 오히려 그들이 숙이가 누구냐고 나를 다그쳤다. 결국 누군가 가상의 이름으로 내게 보낸 음악편지쯤으로 생각하기로 했다. 1970년의 일이었다.

그 월산동을 물었던 숙이를 나는 왜 기억하지 못했을까. '사랑은 비둘기', '마리사 산니아', '월산동'이라는 말만 들어도 '숙이'를 떠올렸던 그 동안의 의식이 정작 그녀 앞에서는 어디로 숨어버렸을까. 기억은 찾았지만 때는 이미 늦은 뒤였다.

이후 누구에게 물어보아도 동창회의 그녀를 아는 사람이 없다. 숙이라는 이름도 모른다고 했다. 물론 얼굴도 기억나지 않는다. 월산동을 '모른다.'는 내 말 한 마디로 모든 인연은 끝이 난 것일까. 어느 날 나는 정말 꿈을 꾸고 있었는지 모른다.

해후邂逅

고궁 문화를 두루 섭렵하자는 단체 나들이였다. 흔치 않은 서울에서의 일박이어서 문득 생각나는 그에게 전화를 했다. 단순한 안부 전화였다. 묵은 수첩에서 옮겨 적어 둔 그의 전화번호는 바뀌지 않았던 모양이었다.

전화를 받은 그가 무척 놀라는 눈치였다. 종강 파티 뒤 학교에 있을 터이니 숙소에 도착하면 다시 연락해 달라는 짧은 말로 우선 대화를 끝냈다. 행복하시길 빌겠다며 헤어진 뒤 몇 년 만인가를 헤아려보았다. 20년 만이었다.

몇 시간 뒤 숙소의 위치를 묻던 그가 다시 놀란 듯했다. 우리 숙소가 그가 근무하는 대학교 부근이라는 것이었다. 우연치고는 너무 뜻밖이었다. 얼마 후 택시를 탔더니 아닌게아니라 겨우 큰 길 하나 꺾어 도는 기본 요금 거리였다.

대학교 정문에서 바라본 먼발치 고가도로에 전철이 소리 내어 지나가고 있었다. 흐르는 전철 불빛을 보며 20년 전 추억을 떠올리는데 겨울밤 찬바람이 매서웠다. 실버들이 하늘거리던 이른 봄, 그를 만나기 위해 나는 저 전철을 타고 이곳에서 내렸을 것이다. 그때의 내 걸음은 지금과 달리 어떤 것이었을까.

학교 안에서 나온 작은 차가 내 앞에 서더니 그가 내렸다. 거리의 불빛으로 본 그의 얼굴은 변함없는데 세월은 이렇게 흘렀는가 싶었다. '어머, 어머, 이게 웬일이야.'를 혼잣말처럼 계속 뇌까리던 그가 차안에서 명동으로 가자했다.

"명동에서 나 떼놓고 가버리면 혼자 숙소를 어떻게 찾아오라고."

완벽한 서울말인 그에 비하여 나는 여전히 전라도 말이었다. '운전 솜씨 참 좋네.' 하고 서투른 초보운전 솜씨를 타박하는 것도 옛날 버릇 그대로였다.

우리 일행이 머무는 숙소의 주차장에 그의 차를 세워 두고 근방의 작은 카페에 들어갔다. '선생님 술 사드리고 싶다.'는 그의 청을 당연하게 받아들였기 때문이었다. 오랜만에 만난 내 감성이 술잔 앞에서 나긋하게 풀어질 것 같았다. 사실 해후라면 해후인데 술 없는 자리가 무슨 의미인가.

온풍기 바람에 그의 검은 코트의 깃털이 하늘거렸다. 청동 그릇에 꽂힌 안개꽃 드라이플라워가 단정하게 장식되어 있는 칸막이 앞이었다. 작은 양주 한 병에, 과일안주가 나왔다. 원래 술을 못 마시는 그 때문에 잔은 나 혼자 들어야만했다. 독한 위스키가 굳어있는 내 심신을 금방 이완시켜주고 있었다.

그와 헤어진 이후부터 지금까지 살아온 내 이야기들은 심각함을 배제한 변명의 연속이었다. 그가 '잘 살아주셔서 고맙다.' 고 말했다. 자기 삶을 열심히 살았음은 추억을 지닌 사람에게는 고마운 실체가 되는 것일까.

"우리가 만약 결혼했더라면……."

"……."

"서로 불행했을 거요."

잘 살아주었다는 말에 대한 답인지도 몰랐다. 불 보듯 뻔한 미래였음은 그 무렵 그도 나도 알고 있는 일이었다. 긍정인 듯 그가 빙그레 웃었다.

"천천히, 조심해서, 졸지 말고 운전허시오잉?"

취한 눈으로 마지막 인사를 했다. 여전히 전라도말, 여전히 잔소리였다. 다시 만나자는 인사도 접어둔 채 차 문을 닫아주었다. 바람이 불었다.

논게파와 번게파

주막에 앉아 술을 마시다보면 자주 겪는 일이었다. 지나가다 창으로 내다보았거나 우연히 들러 술청을 스쳐갔던 사람으로부터 '누가 누구랑 어디서 술 마시고 있다더라.' 하면 고을 전체에 금방 소문이 나는 모양이었다. 그 소문이 빠르기도 해서 한 잔 마시기도 전에 더러는 혼자, 더러는 여럿이 들이닥치기도 했다. 선후배 관계없이 한결같이 반가운 게 술친구라는 개념 때문이었는지 누구도 그 습격(?)을 귀찮아하지 않았다.

그 시절 재미있는 파벌이 있었다. 속칭 번게파와 논게파였다. 돈 좀 번다고 번게파요, 아직 돈 못 벌어 그냥 논다고 논게파였다. 호주머니가 헐렁했던 시절이었고 입대 전 꿈 많은 청년들이어선지 벌고 놀고의 차이는 별 의미가 없었다. 다만 '너희는 돈 번 게 그렇고, 나는 집에서 논 게 이렇다 왜?' 라는 식으로 논게파는 자존심을 앞세운 저돌형이었고 소수의 번게파는 그 저돌을 본능적으로 방어하거나 회피하는 쪽이었던 것이다. 두 파 사이를 오가는 완충형도 있었지만 그런 파벌의 의미는 한두 해 터울인 선후배 사이에서 애교로 통하는 말이었다. 어디서 누가 누구랑 술 마시고 있다고 하면 당연히 찾아가는 자리였고 그 자리는 곧 즐거운 모꼬지였던 것이다.

언젠가 읽은 적 있는 연암 박지원의 이야기, 그도 한때 논게파였다. 술은 마시고 싶은데 안방마님께서 여간해서 술상을 차려오지 않았다. 겨우 손님이 와야 탁주 한두 잔 내올 뿐이었다. 하루는 입직하려는 승지의 사인교를 멈추게 한 다음 쉬어가기를 청했다. 승지가 생면부지였지만 범상치 않아 보이는 사람의 청을 거절하지 못하고 그의 집에 들렀다. 마님께서 내 온 술은 역시 탁주 두 잔이었다. 연암이 자기 앞에 놓인 술은 물론 승지 앞에 놓인 술까지 거침없이 마셔 버렸다.

"당신 내 술낚시에 걸렸소."

논게파의 연암이 기분 좋아 한 말이었다. 술을 마시고 싶어 주변 조건에 내걸어 놓은 손님낚시였다는 말이었다. 입직한 승지가 우연찮게 정조대왕에게 그 일을 아뢰었고 왕은 빙그레 웃었다 한다.

“아마도 박지원이 같구나. 재주 믿고 방약하여 쓰지 않았더니 그렇게 궁색한가.”

곧 초시를 치르게 하여 등용했으니 연암의 궁색함이 아니라 그 당당한 재치 때문이었다.

그 옛날 내 고향에 술 그리워 던져진 보이지 않은 낚싯줄도 어찌 궁색했다 말할 수 있겠는가. 간혹 번게파였다가 논게파가 되고 다시 논게파에서 번게파가 되기도 했지만 청춘의 원동력을 믿었던 우리들의 인정은 각박하지 않았다. 때로 애환과 함께했을지라도 곁술 한 잔에도 당당했던 젊었던 시절. 그때의 논게파 번게파들은 지금은 무얼하고 있을까. 그 시절이 그립다.

세밑 촌극

연일 퍼붓는 눈에 거리도 꽁꽁 얼어붙은 세밑이었다. 순홍 형과 뻰니 성, 셋이서 초저녁부터 마신 술이었다. 마지막 한 해를 보내는 마음이 눈빛처럼 담담했던지, 우리들의 술잔은 더디 오가는 편이었다.

셋이서 걷기로 했다. 정확히 네모꼴을 하고 있는 읍내 큰길을 한 바퀴 돌자는 것이었다. 가다가 한 잔 더 생각나면 아무 술집이나 들어가면 그만이었다. 어둠이 깔린 거리에 내리던 눈이 잠깐 그쳐 있었다. 그 은세계에 가슴이 흥분되었던지 순홍 형은 연신 '야, 좋다! 좋아! 우하하하.'를 연발하고 있었다.

수북이 쌓인 눈 때문에 겨우 사람의 발길만 나 있는 길은 셋이서 나란히 걷기 불편했다. 혼자 뒤처져서 따라가고 있는데 앞서 걷던 두 사람의 걸음이 멈추어져 있었다. 가로등 불빛 밑이었다. 무슨 이유였는지 순홍 형이 뻰니 성에게 화가 나 있었다.

"그래, 이 밤의 아름다움이 뭔지 모른다구?"

"……."

"몰라?"

술을 마시면 약간은 뾰족해지는 순홍 형이 아까부터 우직한 뻰니 성의 몸짓이 거슬려 보인 모양이었다. 짐작이 가는 일이었다. 원래 뻰니 성은 순홍 형이나 내가 공통적으로 생각하는 서정적인 분위기와는 거리가 먼 편이었다. 눈 그친 이 고요한 밤의 아름다움을 외면한 채 멀뚱거리며 딴생각만 하고 있는 듯한 뻰니 성이 어쩌면 얄미워 보였는지도 모르는 일이었다.

순홍 형이 갑자기 뻰니 성의 다리를 걸었다. 씨름판 안다리 걸기 자세였다. 수북이 쌓인 눈밭에 뻰니 성이 쓰러진다면 그 얄궂게 뒤틀린 분위기가 바뀔 터인데, 그게 쉽지가 않았다. 키는 작지만 다부진 체격을 가진 뻰니 성이 꿈쩍도 않고 버티고 있었던 것이다.

가로등 불빛이 마치 씨름경기장의 조명 같아보였다. 그 실랑이를 옆에서 지켜보는 나 자신도 왜 갑자기 이런 사태가 벌어졌는지 알 수가 없었다. 순홍 형은 안간힘을 쓰는데 뻰니 성은 고집스레 버팅기기를 계속하고 있었다.

갑자기 나도 뻰니 성을 쓰러뜨리고 싶은 생각이 들었다. 장난삼아 눈밭에 그냥 드러누워도 좋으련만, 고집을 부리는 뻰니 성이 미워진 것이 사실이었다. 우루루 달려들어 뻰니 성의 다리를 잡았다. 갑자기 당하는 협공을 본능적으로 방어하는 뻰니 성 다리의 힘이 더욱 완강해졌다. 눈 쌓인 거리의 가로등 불빛 아래서 세 사람이 씩씩거리며 뱅뱅 도는 모습을 만약 지나가는 사람이 보았다면 그 기묘한 무언극에 넋을 빼앗겼을지 모를 일이었다.

"에구, 그놈 참."

결국 순홍 형이 힘을 풀며 손을 놓고 히히히 웃기 시작했고 맥이 풀린 나도 손을 놓고 말았다. 눈을 흘기며 바라본 뻰니 성 얼굴은 여전히 무표정이었다. 다만 득의 머금은 웃음처럼 살짝 다문 입가에 뻐드렁니 하나 삐져나와 얄밉게 빛나고 있었다.

"저 뻐드렁니를 그냥…."

펜치로 잡아 빼버리고 싶다는 내 말이었다. 저물어가는 1974년이었다.

구두는 없어지고

송년의 밤, 이 날만큼은 사람들 모두 술 마시기로 작정한 듯했다. 우연히 만난 사람들과 초저녁부터 마시기 시작한 술이었다. 그 취흥이 넘쳐 자리를 옮기기 여러 번, 취할 만큼 취한 걸음이었다. 어느 순간 정신 차려보니 어떤 술집 방안이었다. 처음에 어울렸던 사람들 중 삐딱꼬 형과 정석 형의 얼굴만 보였다. 어디서 만나 함께 들어왔는지 헤보딱지와 진휘가 앉아 있었다. 술집을 전전하는 동안 몇몇 합석을 하기도 했고 몇몇은 취기에 겨워 뒤로 처지기도 한 모양이었다. 몇 차인지 모르는 술판이 또 이어지는데 삐딱꼬 형이 불쑥 내게 말문을 돌렸다.

"내가 특히 사랑했던 후배 중 하나가 자네였는데 그럴 수 있나?”

이를테면 내게는 실망했으며 믿을 사람은 따로 있다는 것이었다. 곁에 있던 헤보딱지가 별 뜻 없이 나와 비교했던 어떤 사람에 대해 반감을 표시했다. 처세가 ‘그 지경’이라는 헤보딱지의 말에 대선배였던 삐딱꼬 형이 발끈했다. 처음에는 장난이었고 웃어넘길 수 있었던 분위기가 갑자기 어색해지고 언성이 높아지기 시작했다.

그러니 마니 따지고 있는데 문득 바깥이 소란스러웠다. 새해맞이 통행금지가 해제된 날이었지만 늦은 시간 우리들의 투닥거리는 소리를 듣고 지나가던 순경이 들어온 모양이었다. 우리들은 상관 않고 시간외 영업이니 시인서를 쓰라며 주방에 서 있는 주모를 닦달하고 있었던 것이다. 방안 사람들이 언쟁을 멈추고 이제는 그 사태를 수습하려고 나서기 시작했다. 늦은 시간까지 술 마시며 영업시간을 지키지 못하게 했다는 공모자의 입장으로 돌아선 것이다.

“술 마시다 보면 그러는 거 아니요? 이 좋은 날, 그만 끝낼 터이니 눈감아 주시지.”

언변 좋은 삐딱꼬 형이 사정하자 순경이 그냥 물러갔다. 자리가 새롭게 정돈되자 다투던 조금 전과는 달리 언제 그랬느냐는 듯한 웃음소리가 피어나기 시작했다. 언성을 높일 이유도 없었다는 듯한 분위기였다.

술자리가 끝나 모두가 헤어지기 위해 방을 나오는데 내 구두가 보이지 않았다. 엊그제 맞추어 신은 새 구두였다. 대신 다 떨어진 운동화 한 켤레 얌전히 놓여있는 것을 보니 누군가 바꾸어 신고 가버린 것이 분명했다. 방안에 들기 전 술청에서 술 마시던 낯선 사람 하나 있었다고 누군가 말했지만 때는 이미 늦은 것이다. 할 수 없이 그 운동화나마 신어보는데 발끝에 걸리는 것이 있었다.

"이게 뭐야?"

손을 넣어 꺼내보니 작은 종잇조각을 접은 것이었다. 접은 조각을 펼쳐보니 백 원짜리 동원 몇 개와 함께 조악하게 써놓은 글씨가 눈에 들어왔다.

-고무신이라도 사 신으시오.

사태를 알아차린 주변 사람들이 취한 중에도 웃어댔다. 작은 양심이지만 그나마 밉지 않다는 생각에 나도 실실 웃음이 나오기 시작했다. 술 마시다 맞은 1975년, 새해벽두의 일이었다.

누구였을까

망설이다 늦게 집을 나섰다. 버스를 타고 차창에 흐르는 풍경을 바라보면서도 오로지 용우 생각뿐이었다. 그와 헤어진 뒤 1년, 참으로 견딜 수 없을 것 같았던 시간을 잘도 흘려보냈구나하는 생각이 들었다. 버스에서 내렸을 때 도시의 서편에 해가 기울고 있었다. 소매 끝이 시렸다. 바람이 불고 있었다.

용우가 살았던 집을 찾아가겠다는 애초의 생각이 무모했음을 그때 깨달았다. 그의 집이 광주 근교 송정리라는 것, 딱 한 번 찾아갔다는 것 외엔 알고 있는 것이 없었다. 참으로 시작이 엉뚱한 발걸음이었다.

언젠가 용우와 함께 들른 적 있던 작은 맥주집을 찾기로 했다. 조금은 거북스럽지만 혼자 술잔을 들었다. 조금 취해지면 근방에 살고 있는 정식이를 부를 참이었다. 더디게 술잔을 들고 있는데 잘 아는 주인마담이 맥주 몇 병을 가지고 왔다.

"어떤 손님이 갖다 드리라네요."

정식이일까 싶었지만 그는 보이지 않았다. 검은 한복 두루마기까지 입은 차림새가 남의 시선을 끌었나 싶어 사방을 둘러보았지만 아무도 내게 시선을 주지 않았다. 조금 떨어진 자리에서 나처럼 혼자 마시고 있던 중년의 사내는 별 상관없는 듯 벽 쪽을 바라보고 있었다. 또 다른 자리엔 젊은 연인 둘뿐이었다. 아마도 마담의 호의이겠거니 생각하며 천천히 술잔을 들었다.

시간이 흘렀다. 우연히 혼자 앉은 사내와 시선이 마주쳤다. 뜻밖에 그가 술잔을 들어 보이며 잔 부딪는 시늉을 했다.

'저 사람이었나?'

"이 자리로 오시겠소? 아니, 아니 내가 그 쪽으로 가지."

내가 멈칫하는 사이 그가 한 말이었다. 오른손엔 반 쯤 남은 맥주병, 왼손엔 잔을 든 채 그가 내 자리로 걸어왔다. 잔을 든 쪽 손가락에는 피우던 담배가 끼워져 있었다. 잘 생긴 얼굴에 체격이 건장한 사내였다.

사연이 있어 보여 술은 자기가 보냈다 했다. 혼자 술 마시는 이유를 물었고 그 이유를 대답하는 동안 날카로웠던 내 경계심도 어느 정도 지워지고 있었다. 이 세상에는 없는 친구, 기일忌日에 즈음한 허황한 발걸음과 허망한 헌배獻杯를 이해한 듯했다. 많은 이야기가 오고 가는 동안 우리는 꽤 많은 양의 술을 마셨다. 난생 처음 보는 사람과의 대작이며 대화였다.

"떠난 사람과 남겨진 사람과의 관계는 아픔이지만 그 아픔이 영원한 것은 아닐세. 남겨진 사람이 앞선 사람의 뒤를 따라가는 길, 그것이 인생 아닌가? 무덤에 꽃 한 송이 놓지 못한 것을 너무 아파하지 말게. 젊은 사람아."

정신이 퍼뜩 들었다. 80년 1월 어느 날 밤이었다.

오늘날까지 그가 누구인지 얼굴조차 기억할 수 없지만 그가 말했던 그 한 마디는 잊혀지지 않는다. 자기 집으로 가자하던 간절한 청을 한사코 거절했던 것은 뒤늦게 되살아난 경계의식 때문이었음을 부인할 수 없다. 그러나 그의 호의로 이루어진 깊은 밤 술자리의 기억은 언제나 새롭기만 하다. 용우의 요절을 가슴 아파했던 내 보랏빛 우정을 잘 접어 넣을 수 있도록 다스려준 그 사람은 누구였을까. 해마다 1월이면 문득 그 사람이 궁금해진다.

양평에서

경기도 양평의 어떤 온천목욕탕이었다고 한다. 광선이가 탕 밖 거울 앞에 앉아 면도를 하다가 옆자리 사람과 우연히 눈이 마주쳤다.

"어?"

두 사람 똑 같이 낸 소리였다. 70년대 초, 강원도 원주에 있는 군부대에서 함께 근무했던 사람이었다. 광선이의 고참이었던 이상원 씨였다. 밖으로 나온 두 사람은 헤어지기 전 내게 전화를 했다.

그로부터 1년 뒤였다. 그 목욕탕 그 자리, 광선이가 옆자리 사람과 또 눈이 마주쳤다. 이번에도 아는 사람이었다. 그도 역시 군대에서 함께 근무했던 이태균 씨였다. 더구나 이태균 씨는 속칭 사수로 불리는 광선이의 직접 고참이었고 이상원 씨와는 제일 죽이 잘 맞는 친구사이였다. 나를 포함한 광선이와 이상원, 이태균 씨는 업무는 각기 달라도 퀀셋막사 한 사무실에서 고락을 함께했던 전우들이었던 것이다.

그날 곧바로 이쪽저쪽 전화 연락이 이루어진 모양이었다.

"혹시 이태균이라는 이름을 기억하십니까?"

예고 없이 이태균 씨가 전화로 내게 먼저 했던 말이었고 그임을 당장에 알았던 나는 '잊을 수 없는 이름' 이라고 대답했다. 광선이와 이태균 씨가 같은 양평에 살고 있다고는 하나 별난 인연에 별난 만남인 것은 분명했다.

또 한 해가 흘러 드디어 모두 만나기로 약속을 했다. 그 중에 날줄씨줄로 연결된 명호 형도 끼어 있었다. 30여 년 전, 한 막사 안에서 생활했던 다섯 사람의 만남이었다. 그들과 만나기로 한 전날 밤 나는 쉽게 잠을 이룰 수 없었다.

모두가 한 자리에 앉으니 만감이 교차했다. 그 윤기 흐르던 젊은 날이 어제 같은데 세월의 그늘은 비껴갈 수는 없었던 모양이었다. 다섯 사람 모두 머리칼이 희끗희끗했지만 전우애보다는 산전수전 다 겪은 사람들의 우의友誼가 오히려 든든하게 남아 있었다.

청춘을 질타하며 함께 했던 한 묶음 어느 시간, 그 틀 안으로 다시 돌아가 더러 잊혀진 이름들과 사연들을 상기하며 우리는 술잔을 들었다.

"이렇게 함께 술 마실 수 있도록 스스로 건강을 지켜준 것에 대하여!"

"서로를 잊지 않고 있었던 정리에 대하여!"

"청춘의 한때! 서로 사랑했던 정열을 위하여!"

"앞으로의 미래! 그 튼튼한 만남을 위하여!"

우리가 밤새워 마시며 잔을 들 때마다 한 마디씩 외친 소리였다.

양평 용문산 계곡에 날이 밝았다. 이태균 씨가 운영하는 갤러리 '더 큰 나무'의 큰 유리창 밖으로 눈이 내리기 시작했다. 우리들의 포근했던 만남처럼 세상의 무질서를 덮으려는 듯 아침 눈이 하얗게 내려 쌓이고 있었다.

주막집의 일배

집으로 돌아왔네. 이 겨울만 이 풍경 안에 있을 작정. 한 번 다니러 와 주면 정말 고맙겠네.

친구의 짧은 편지였다. 군대 훈련소에서 알게 된 친구였다. 나는 강원도 원주에 생활했던 3년이었지만 그는 후방에서 근무한 모양이었다. 헤어질 때 적어 주었던 주소를 잊지 않았던지 생각지도 않았던 그의 편지가 반갑기 그지없었다. 제대한 지 1년이 지난 뒤였다.

유난히 추운 겨울이었다. 다니던 임시직장을 그만둔 뒤 실의를 감춘 채 견뎌야하는 무료가 더 춥기만 했을 때였다. 간단했던 그의 편지가 갑자기 구원의 빛으로 다가왔다. 일단 누군가를 찾아갈 수 있다는 목적이 생긴 셈이었다.

그의 주소는 외워둔 채 완행버스를 탔다. 난생 처음 가보는 이웃 고을이었다. 낯선 터미널에 내린 오후, 하루에 두 대뿐이라는 그가 사는 동네까지 가는 버스는 이미 끊겨 있었다. 조금은 외로운 걸음이지만 20리 길을 걷기로 했다.

오후 기온이 내려가기 시작했는지 하늘에서 눈발이 비치기 시작했다. 길 아래 논다랑이가 눈발 속에 희미해지기 시작했다. 논가에 서 있는 포플러 나뭇가지에 걸린 야산 능선도 보일락 말락 멀어지고 있었다. 마을 입구 고갯마루에 주막집이 보였다. 사립짝도 없이 짧은 마당이 길과 이어진 작은 집이었다. 뒤꼍 굴뚝에 솟아나는 연기가 초가지붕에 어울려 더없이 한가하고 풍요로운 풍경이었다.

"계십니까?"

친구의 집을 묻기 위해 들어선 주막이었다. 나무문짝이 열리는 소리와 함께 쪽을 찐 나이든 여인의 얼굴이 보였다.

"둘오쇼, 춥소."

객지에서 온 듯한 청년을 주인아낙이 들어오라 맞은 곳은 술청이 함께 딸린 부엌이었다. 냉갈내 가득한 곳에 동네사람인 듯한 사내들 서넛이 낡은 탁자를 두고 서서 사발을 들고 있었다. 안주라고는 싱건지 한 사발에 새우젓이었다. 초등학생인 듯한 어린 계집아이가 아궁이에 불을 때고 있었다. 부채처럼 납작하게 눌린 솔가지를 꺾어 넣으며 능숙하게 불을 다루는 것이 어쩐지 암팡져 보였다. 부뚜막 위에 놓인 두부 담긴 옹기동이에는 물이 사르르 얼어 있었다.

사내들이 어디서 왔으며 누구를 찾아왔느냐고 번갈아 물었다. 내 대답을 들은 사내들이 친구를 아는 듯 이름을 뇌까리더니 금방 술잔을 권했다. 목이 컬컬했던 차라 거침없이 술잔을 받는 내 모습이 마음에 든 모양이었던지 한 사내가 주인 아낙에게 소리를 질렀다.

"어이! 여그 우리 동네 문식이 찾아온 손님이네. 술 한 주전자 더 주소!"

관자놀이가 띵하도록 시원한 술맛이었다. 어긋난 부엌 문짝 밖으로 작았던 눈발이 이제는 함박눈이 되어 내리고 있었다.

현주玄酒

산행 이후 회식이 벌어졌다. 오봉산 아래 산장이었다. 너나없이 갈증이 깊었던 터라 제법 많은 술잔이 오고갔다. 상을 물린 뒤 몇은 화투판을 벌였고 남은 몇은 홀 구석에 놓인 노래방 기기를 틀었다. 분위기는 둘로 갈라지고 서로를 탓하지 않는 흥이 한 곳에 어우러지기 시작했다.

여흥에 겨워 분위기가 한층 무르익었다. 노래와 춤을 즐기는 사람들 사이를 오가며 누군가 술잔을 권하기 시작했다. 처음 사양했던 사람들도 그의 강권을 피하지 못하고 결국 술잔을 들었다. 효과가 있었는지 나중에는 그가 권하는 술잔을 모두들 쉽게 들이키고 있었다. 2리터들이 플라스틱 소주병이 어느새 비어가고 있었다.

"어, 취한다!"

누군가 소리를 질렀다. 그 말끝에 또 다른 사람이 맞장구를 쳤다.

"술맛 좋다!"

사람들이 함께 취한 듯 환호성을 질렀다. 서서 뛰던 그들의 몸짓이 커지고 흥은 더욱 높아지기 시작했다.

따지고 보면 묘한 분위기였다. 실은 그들이 마신 것은 술이 아니라 물이었던 것이다.

"잔만 받아 봐."

흔히 술 사양하는 사람에게 잔 권하는 언어가 그렇다. 처음엔 진짜 술인 줄 알고 손사래를 치던 사람들이 물을 술처럼 마셔준 것은 잔만 받아 본 뒤의 암시(?)에 동의한 것이다. 그 암시는 흥을 깨서는 안 된다는 의도가 포함된 것이기도 했다.

술 주酒자는 술 병酉에 담긴 물水이라는 뜻이다. 물병에 담긴 것이 아니라 술병에 담긴 물이기에 술처럼 마셔준 것이다. 그렇다고 물병에 담은 술을 물처럼 마시지는 않는다. 오로지 술처럼 권하는 물맛에 새롭게 반응한 그날의 분위기였던 것이다.

자리가 끝난 뒤 '이렇게 맛있게 취한 술은 처음'이라며 누군가 말했다. 알코올 함량에 취했다는 말이 아닌, 흥에 곁들인 재치에 취했다는 말이었다. 그 술은 세상에서 가장 순한 술이었을 것이다.

어떤 도둑이 강도짓을 했다. 빼앗은 물건 안에 술병이 들어 있었다. 도둑이 웬 떡이냐 하고 술병의 술을 단숨에 마셔버렸다. 술이 독했던지 취하여 쓰러진 바람에 도둑은 붙잡히고 말았다. 이 '도둑 잡은 술' 은 중국의 '유백타劉白墮' 가 만들었다는, 세상에서 가장 독한 술이었다. 도둑이 빈집 털러 갔다가 양주 한 병 마신 뒤 그냥 잠든 바람에 붙잡힌 사건은 우리나라에서도 실제 있었던 일이다.

차가운 맑은 물을 옛 선비들은 현주玄酒라고도 했다. 제사에 쓰는 물이라는 뜻도 있지만 물의 품격을 높여 술 주酒자를 붙인 재치가 대단하다.

오봉산 아래 산장에서 마신 현주는 공간의 어울림을 취하게 했지만 저 물색없는 도둑들은 독주가 불러온 잠에 취해 붙잡힌 신세가 되었다. 술에 취하면 일을 그르치나니, 물에도 취하고 술에도 취한다는 결론을 앞에 두고 보니 왜 마셔야하는가를 생각하게 한다.

술청 한마당

신춘문예 시상식이 끝났다. 식전에 미처 나누지 못했던 수인사들이 이어지고, 간단하게 준비된 다과상 앞에 사람들은 모였다. 대부분 술보다는 음료를 마시고 있었다. 술 겨우 몇 병, 취기를 부를 만큼 준비되지 않았다는 뜻에서 냉랭해져버린 술꾼들의 시선이었던 것이다. 대신 오랜만에 만났는데 그냥 헤어질 수 없다는 암묵의 시선들이 오고갔다.

해 진 무렵 삼천동 '반딧불이'라는 집에 사람들이 헤쳐 모였다. 집집마다 노란풍선 간판이 대부분인 막걸리 거리에 반딧불처럼 파란 간판이 도드라진 집이었다.

누군가 안주 가짓 수를 세어보더니 그 수가 열둘이라고 했다.

"술을 새롭게 마셔봅시다."

누군가 제안을 했다. 막걸리 두 병에 맥주 한 병이 일반적인 혼합주라 했다.

"우리는 맥주 두 병에 막걸리 한 병. 어때요?"

"좋지."

그렇게 희석시킨 희한한 혼합주가 한 주전자였다. 유리잔에 비친 술 빛깔은 약주를 닮아있었다. 주전자가 추가될 때마다 안주 수는 절로 늘어갔다.

조금 늦게 두 사람이 합석을 했다. 중간 입장이었던 사람이 양측을 소개하고 명함이 오고갔다. 그 중 어느 한 사람을 조금 과장하여 소리꾼이라 소개를 했다. 모두 모인 사람 수가 이젠 아홉, 술자리는 화기가 넘쳐나기 시작했다.

"이 자리에 '호남가' 라도 한 가락 들어야하지 않겠습니까."

소리꾼이 있다는 소개를 받은 한 사람의 말이었다. 모두가 환영을 했고 뜻밖에 소리꾼은 흥을 돋우어야할 판이 되었다. 손사래를 치며 사양을 하는 것은 주변에 술 마시는 사람들에게 실례라는 뜻이었다. 그 말을 들은 한 사람이 자리에서 일어났다.

"그건 걱정 마슈."

주변 술자리로 건너간 그가 흥을 함께하자는 양해를 얻고 있었다. 한쪽에는 젊은 신혼부부가 호기심을 보이며 웃고 있었다.

"헐라면 제대로 히야지, 어설피 허면 안 돼요 잉."

나이 깊숙한 분들 자리에서도 엄중하되 너그러운 양해의 뜻을 보였다. '호남가'라야 한다, '사철가'라야 한다, '사랑가'라야 한다는 실랑이가 벌어지자 스스로 젓가락장단을 치며 소리꾼이 소리를 시작했다. 골라잡은 '사철가'였다.

소리가 끝나자 환호소리와 함께 박수가 터졌다. 재창의 성화에 맞추어 짓이 난 소리꾼의 입에서 이제는 '사랑가'가 흘러나왔다. 긴 소리가 끝나자 신혼부부는 우리에게 해준 소리라며 술잔을 들고 왔다. 이웃자리에서도 술잔이 건너오고 술청은 한층 더 흥겨운 한마당이 되고 있었다.

몇십 년 전, 웬만한 막걸리 집 술자리가 그러했을 것이다. 세월 흘러 변한 것이 어찌 한둘 일까마는 청춘을 벗어난 사람들에게는 행복한 추억을 되씹을 수 있는 주흥이었음이 분명했다.

시인 진동규, 소재호, 정군수, 문금옥 씨와 소설가이자 의원인 김상휘 씨, 수필가 선산곡, 이연희 씨, 도의원 국철, 이명연 씨가 함께 어우러진 자리였다.

내 자리는 비워놓고

겨울 밤, 대학 앞 큰길에서 이어지는 골목 어귀에 서 있다. 젊음이 충만한 이 거리에서 세월의 흔적을 지닌 사람이 누군가를 기다리는 것, 기다림의 초조가 문득 어색하다. 그러나 내가 이 거리에 어울리지 않게 서 있다 해도 어느 누구 하나 눈길을 주지 않는다. 그 무관심의 언저리에 서서 오가는 분주한 사람들의 모습을 바라보고 있을 따름이다. 음악사 가게 앞에 내놓은 스피커에서는 알 수 없는 노래가 흐른다. 요즈음 젊은 가수들의 노래는 따라 부르며 호흡하기도 힘들고 가사조차 쉽게 다가오지 않는다. 한 세대를 건너뛰어버린 그들만의 문화에 접근을 꺼린 지도 이미 오래다.

겨울인데도 노점 수레에 놓인 장미꽃, 안개꽃들이 아름답다. 내가 만약 꽃을 사들고 누군가를 기다리고 서 있다면 그 노출의 값은 어느 정도일까. 꽃은 젊음에, 그리고 기다림의 자리에 어울린다. 잘 생긴 젊은이가 꽃을 들고 서 있는 모습을 볼 때, 얼마 후 이루어진 만남의 아름다움이 상상되기도 한다. 그런 기다림은 곁에서 보는 것만으로도 아름답다. 그러나 나의 이 기다림은 그런 화사함을 지닌 것이 아니다. 그저 일상에 쫓겨 한동안 소원했던 친구를 만나려 서 있는 자리일 뿐이다.

골목길을 오가는 사람들의 발걸음이 부산하다. 그 많은 인파 속에서 문득 아는 사람의 얼굴이 눈에 뜨인다. 그를 본 반가움에 잠깐이나마 가슴이 내려앉는다. 어떤 기회에 알게 된, 우리 음악을 연주하는 실력 있는 젊은 사람이었다. 평소 그의 능력과 인품을 사랑해왔던 나는 조금 전 이 거리에서 그를 만날지 모른다는 생각을 했다.

처음 보는 여인이 그의 팔짱을 끼며 함께 걷고 있다. 내 앞을 천천히 스쳐 지나가는 그의 얼굴의 작은 점까지 뚜렷이 보인다. 깊숙이 숨은 듯, 모자와 목도리 안에 감추어진 내 얼굴을 그가 보지 못했겠지만 그냥 걸어가는 뒷모습에 섭섭한 시선이 닿는다. 그저 묵묵히, 조용한 인내를 지녀 인파 속에 그를 파묻어 보낸다.

이후 만난 친구와 그 거리의 어느 술집에서 우리는 취해 있었다. 술잔이 오가는 사이 틈틈이 그의 뒷모습이 떠오르기도 했다.

"2차 가자."

친구가 또 손길을 끌었다. 1차 2차를 가름할 수 있는 특별한 이유가 어디 있겠는가. 나는 선뜻 그의 제의를 받아들인다. 자리를 옮긴 작은 변화도 신선할 때가 있지만 그것은 흥취를 지속시키고자하는 객기일 뿐이다. 이미 이 거리가 받아들인 관용에 우리는 안심한 듯 젊음을 흉내내며 즐기고 있는 것이다.

이름이 긴 간판이 걸려 있는 어떤 술집에 우리는 들어선다. 들어서는 순간 둥근 조명등 아래 앉아 있는 사람과 시선이 마주친다. 초저녁 꽃수레 앞을 무심히 스쳐 지나가던 그다. 그때 팔짱을 꼈던 여인이 그의 앞자리에 앉아 있다. 우연의 만남이지만 반가움을 감춘 절제된 몸짓으로 그와 악수를 나눈다.

그도 이미 우리처럼 취해 있다. 따로 자리를 잡을 필요 없다는 듯 우리는 모두 한자리에 앉았다. 애당초 그를 소개해준 사람이 곧, 함께 간 친구였기 때문이다.

"제 약혼자예요."

가볍게 여인을 인사를 시킨 뒤 내 옆자리에 앉은 그가 내 손을 움켜잡는다. 그의 손은 부드럽고 따뜻한데 내 마음 한구석이 갑자기 서늘해진다.

"아까 초저녁, 꽃수레 앞에서 지나가는 널 보았지."

"왜 안 부르셨어요."

"둘이서 보기 좋게 걷는 것을 방해하고 싶지 않았어."

"아아 -."

대답이 아니라 길게 끄는 탄식이다. 왜 그랬느냐는 뜻이다.

"그때 선생님 이야기를 하며 걷고 있었어요."

"……."

"그 길을 벗어나 이 곳으로 곧장 왔거든요. 선생님을 뵈었으면 좋겠다고 말하면서."

그가 두 손으로 움켜쥔 내 손을 자기 뺨에다 가져다 댔다.

"정말 그랬어요. 선생님께 저를 소개하고 싶다고 했어요."

앞에 앉은 그녀가 밝게 웃었다.

"병수씨를 아끼고 사랑해 주신다는 말씀 늘 들었어요. 이제 선생님이 지닌 사랑의 모든 것을 저에게 주세요."

그녀의 말이었다. 저에게 달라고? 내가 지닌 사랑을 그대로 건져내어 달라는 말이었을까. 나는 그래도 좋다고 생각했다. 이제는 그들만의 사랑이 자리잡아 걸어야할 길이 따로 있기 때문이었다.

그에게 잡힌 손을 빼어 이제는 내가 그의 오른손을 모아 잡았다. 그녀가 요구한 사랑의 의미를 담은 듯 그녀에게 그의 손을 건네어 준다. 그의 손을 받아 쥐는 그녀의 표정이 아름답다.

"고마워요. 선생님."

그러나 어느새 그의 손은 다시 내 손을 잡고 있다. 나는 여리고 취한 그의 행동을 눈여겨 바라본다. 아아, 젊음이란 이렇게 아름답구나.

불빛이 흔들린다. 어둠의 물결을 마치 유영하듯 비틀거리는 걸음으로 나는 걷는다. 모두와 헤어져 돌아오는 길, 곧추세워 바르게 걸으려는 노력도 하지 않는다. 그저 비틀거리는 발걸음 그대로 내맡기며 걷는다.

"가져 가, 아주. 내 자리는 비어도 좋아."

그녀에게 그의 손을 건네며 내가 한 말이었다. 건져간 사랑의 자리는 비어도 좋다. 만약 건져진 것이라면 다시 채우려 애쓰지 말자. 원래 사랑의 자리는 그런 것이다. 사랑은 빛깔만 다를 뿐이다. 내가 지닌 사랑은 너에게 묵은 흑백사진 같은 것, 그대로 잊혀져도 좋은 것, 그렇게 중얼거리며 그녀에게 손을 건넸다.

한 가닥 차가운 바람이 분다. 그 바람처럼 차갑고 달콤한 아픔이 가슴에 구멍을 내고 스쳐 지나간다.

선산곡 수필집

초판인쇄 | 2007년 11월 5일
초판발행 | 2007년 11월 10일

저　　자 | 선 산 곡
펴 낸 이 | 서 정 환

펴 낸 곳 | 신아출판사
주　　소 | 전주시 완산구 태평동 251-30
전　　화 | 063) 275-4000, 252-5633
팩　　스 | 063) 274-3131
등　　록 | 1984년 8월 17일 제 28호
e-mail | sina321@hanmail.net

값 9,000원

ISBN 978-89-5925-377-7 03810

* 이 책은 전라북도 문예진흥기금을 일부 지원받았음.